基于核心素养培育的 STEM 教学设计

——广外实验中学 STEM 教育实验案例集

闵家顺 ◎ 主编

袁 杰 郑 旖等 ◎ 编

编 委：袁 杰 郑 旖 刘继良 陆启新 陈敦平 刘结平 黎思德

邝锦堂 刘 佳 任 娟 王 敏 杨沃明 李慧婷

世界图书出版公司

广州·上海·西安·北京

图书在版编目（CIP）数据

基于核心素养培育的 STEM 教学设计：广外实验中学 STEM 教育实验案例集 / 闵家顺主编；袁杰等编 . -- 广州：世界图书出版广东有限公司，2020.5
ISBN 978-7-5192-7405-4

Ⅰ . ①基… Ⅱ . ①闵… ②袁… Ⅲ . ①科学知识—教案（教育）—中学 Ⅳ . ① G633.72

中国版本图书馆 CIP 数据核字（2020）第 059026 号

书　　名：	基于核心素养培育的 STEM 教学设计：广外实验中学 STEM 教育实验案例集	
	（JIYU HEXIN SUYANG PEIYU DE STEM JIAOXUE SHEJI：GUANGWAI SHIYAN ZHONGXUE STEM JIAOYU SHIYAN ANLI JI）	
主　　编：	闵家顺	
责任编辑：	冯彦庄	
装帧设计：	米非米	
责任技编：	刘上锦	
出版发行：	世界图书出版广东有限公司	
地　　址：	广州市海珠区新港西路大江冲 25 号	
邮　　编：	510300	
电　　话：	（020）34201967	
网　　址：	http://www.gdst.com.cn/	
邮　　箱：	wpc_gdst@163.com	
经　　销：	新华书店	
印　　刷：	广东信源彩色印务有限公司	
开　　本：	787 mm×1 092 mm　1/16	
印　　张：	15.75	
字　　数：	332 千字	
版　　次：	2020 年 5 月第 1 版　2020 年 5 月第 1 次印刷	
国际书号：	ISBN 978-7-5192-7405-4	
定　　价：	58.00 元	

前言一

广东外语外贸大学实验中学（原广州市第二外国语学校）（以下简称广外实验中学）是一所"年轻"的老学校，是白云区与广东外语外贸大学合作重点打造的区属公办完全中学。学校历史可追溯到1956年，1968年更名为广州市第七十七中学；2003年更名为广州市培英中学太和校区；2013年5月，在原址成立广州市第二外国语学校；2019年5月，正式更名为广东外语外贸大学实验中学。近年来，学校曾被评为广州市特色学校（高中阶段、义务教育阶段）等十多种荣誉称号，2018年5月，学校通过了广州市示范性普通高中的认定，同年学校还被区教育局评为"四模一电"科技特色学校。

学校自创办以来，坚持打造鲜明的外语特色，以信雅达特色课程和"一主两辅"课程体系为抓手，以立德树人为教育的根本任务，形成了具有学校品牌特征的信雅达教育。广外实验中学在外语特色建设、课程建设、课堂教学改革、科技活动、智慧校园建设、德育主题活动等方面形成了自己的特色，并在白云区，乃至广州市起到了明显的示范和引领作用。

学校的根本任务是实施课程，除国家课程和地方课程之外，还开设了多门校本课程，构成了独有的"一主两辅"课程体系。"一主"指的是国家课程和地方课程；"两辅"指两类校本课程体系，即外语特色课程和科技活动课程。外语特色课程现开设有国际学科课程、西餐文化活动课程、"一带一路"专题课程、外语歌唱大赛、外语主持人大赛、西方文化节、模拟联合社团等。科技活动课程现开设有航天航空模型课程、建筑模型课程、无线电测向课程、机器人课程、创客课程等。

"一主两辅"课程体系，让我们明确了学校的发展方向，即除发挥学校的外语优势之外，还要大力培养科技创新人才。

学校最早的科技活动社团是机器人社团，组建于2015年，那时候规模小，取得的成绩也非常有限。2016年9月，在学校的大力推动下，在青年科学技术协会领导的帮助下，学校先后成立了无线电测向社团、航模社团、建模社团。2016年底开始参加省市各项科技比赛，在短短的三年时间内，取得了全国一等奖13项、全国二等奖12项、全国三等奖22项、省一等奖23项、省二等奖15项、省三等奖26项，市、区级一、二、三等奖若干项。

学校科技创新活动的开展，为我校开展 STEM 教育项目奠定了基础。本书是我们实施 STEM 教育过程中的一种思考。经过近一年的摸索，我校逐渐形成撰写 STEM 教材编写及教学案例编写的模式，STEM 教材编写模式为学习目标、材料及工具、问题提出、科学原理、制作或设计、设备调整或活动调整、修正后的设备或活动、活动评价、活动总结九个部分。这些模式充分体现了 STEM 教育的科学性、技术性、跨学科性、融合性等特点，是科技创新的必要元素。

我校实施 STEM 教学主要有以下几种形式：

1. 课堂教学

充分利用综合实践课、通用技术课、自然科学相关学科（数学、物理、化学、生物等）开展 STEM 教学，课堂讲解科学知识、集中解决技术问题，课后由学生合作（或独立）完成项目的成品，即利用课内与课外相结合的形式来实施 STEM 教育。

在物理教学中实施 STEM 教育，如制作反应时间尺、过山车模型等。在生物课堂中实施 STEM 教育，如观鸟活动、植物识别活动等。

2. 利用社团开展 STEM 教育

目前学校开设了相关的科技活动社团，即创意机器人社团、无人机社团、无线电测向社团、航空模型社团、航海模型社团、车辆模型社团、建筑模型社团。借助这些社团开展 STEM 教育，如机器人社团是利用每周一节课的学习时间来进行的，在学习初期，利用中午学生的休息时间进行科学知识的讲授，学生也可以在这个时间完成设计工作。

3. 利用校本课程组织开展 STEM 教育

我校的校本课程，每周一节课，由学生自由报读，计入学分。部分 STEM 教育以校本课程的形式开展。

我校还积极探索 STEM 教育的评价指标，撰写了如下的评价指标：

1. 参与活动积极性的评价

项目的开展，有赖于学生的参与；项目开展得是否顺利，取决于学生参与活动的积极性与主动性高或低。因此，这方面的评价是活动的一个起始评价，对后续活动的开展有着至关重要的作用。

2. 项目或活动的知识性评价

本部分的评价重在衡量学生对学科知识的接受情况，将所学知识与生活实际相联系的能力。

3. 提出问题能力的评价

提出问题的能力是新课程标准对学生的要求，学生能否提出问题、提出问题的品质好坏都能反映学生的学习能力高低。

4. 工程设计能力的评价

STEM 教育有别于科技活动的一个关键因素即为培养了学生的工程设计能力。它体现在对产品或活动过程的一个设计上。

5. 解决问题的能力的评价

解决问题的能力评析分为三个部分：面对问题的态度（正向态度、了解问题）、处理问题的方式（执行实现、评估结果）、问题解决的品质（批判创造）。

6. 应用数学解决问题的评价

在开展 STEM 教育活动中，学生利用数学知识解决问题的能力也是评价考核的一个关键点。

7. 跨学科综合能力的评价

对一个作品或一个活动整体完成情况的考核，如果在各个方面表现得突出，那么可以赋予较好的评价。

对以上因素均可有一个赋分的机制。

实施 STEM 教育，激发了学生进行科学探究的积极性，开阔了教师的视野，主要表现在：

1. 一部分同学的科技才能充分得到了发挥

我校智能机器人开发小组开发了智能取纸机、智能果蔬打包机、智能沏茶机等，从设计、制作到调试，充分显示了中学生可挖掘的潜力。

2. 开发了同学们的科学思维

我校生物科开展了植物识别活动及观鸟活动，通过活动发展了学生的科学思维。

我校的物理科开展了反应时间尺制作、过山车模型制作等活动，将科学知识与社会实践相结合，激发了他们参与社会的情感。

3. 学校老师有了跨学科的综合思维

通过开展 STEM 教育，老师们会重新审视自己原来的学科教学，当经历了跨学科的教学后，便会用跨学科综合思维来考虑问题，会在教学过程中自觉或不自觉地把自己的学科和其他学科建立起联系。因此，STEM 教育下的教学环节同样会促进老师的学科教学。

综上所述，我校通过开展 STEM 教育取得了一定的成绩，我们将再接再厉，进一步打造 STEM 教育特色，开发更多的 STEM 教育案例，发展学生的科学思维。

闵家顺
2020 年 1 月

前言二

今天的世界正处于新一轮科技与产业革命的重要时期，科技创新引领着社会的发展与变革，全社会对科技创新人才的需求与日俱增，如何培养创新型人才成为未来教育改革的重要议题。在这一大背景下，提倡多学科融合、注重创新精神和实践能力培养的STEM教育正在引发社会关注和获得社会认同。STEM教育融合了科学（science）、技术（technology）、工程（engineering）和数学（mathematics）四门学科的基础知识和思维方法，通过跨学科融合，改变了课程结构过于强调学科本位、科目过多、缺乏整合的现状，设置综合课程，适应学生个性化发展的需求，体现课程结构的均衡性、综合性和选择性，加强课程内容与学生生活，以及现代社会和科技发展的联系，关注学生的学习兴趣和经验，激发学生学习的动机与兴趣，促进学生多元智力的发展。

学校在开展STEM教育实践中，迫切需要的是STEM教育案例。目前国内已出版的STEM教育案例大多数都是针对小学阶段，针对中学阶段的STEM教育案例还比较少。本书是STEM教育研究团队在一年多STEM教育实验过程中，从生活视野和设计思维出发，通过创设学科融合的问题解决场景，引导学生创造性地开展有深度的"做中学"活动，探索、归纳出STEM教育案例的模式，即① 学习目标；② 材料及工具；③ 问题提出；④ 科学原理；⑤ 制作或设计；⑥ 设备调整或活动调整；⑦ 修正后的设备或活动；⑧ 活动评价；⑨ 活动总结。这充分体现了STEM教育的科学性、技术性、跨学科性和融合性特点，符合STEM教育过程中教与学的规律。

本书收录了24个既有趣又吸引人的各种各样主题的STEM教育案例，涉及物理、生物、数学、科学和工程等知识。当学生亲自动手制作出智能沏茶机器人、智能取纸机、语音识别机器人、蛙形抓捕机器人、迷你遥控喷水消防车、智能创药煲、智能报警器、游艇水上足球赛、橡筋动力直升机、无动力纸飞机、无线电测向机、大气压实验仪器等后，他们便享受到探索与发现客观世界的快乐。这个过程中所体现出的科学知识也就变得更为显而易见，从中学到并掌握的知识也最为牢固。当学生最终找出解决问题的方法或有新的发现时，我们能够看到洋溢在他们脸上的兴奋、喜悦之情。这是一个崇尚科技创新的时代。

本书得到了广东省基础教育信息化融合创新示范培育推广项目"STEM理念下的创造式学习"（项目号：123，粤教基函〔2018〕167号）的支持。

梁　斌

2020年1月20日

目　录

教材篇

案例篇

教材篇

迷你遥控喷水消防机器人
——Arduino 学习篇

郑　旖

一、学习目标

（1）认识 Arduino UNO 开发板的结构；

（2）学习使用 Arduino IDE 编写程序；

（3）学习使用 L298N 电机驱动模块，驱动直流减速电机运动；

（4）学习使用通过蓝牙模块，让 Arduino 开发板接收手机蓝牙 spp 串口通信工具发送的信号；

（5）学习组装及调试机器人。

二、材料及工具

Arduino UNO 开发板、塑料饭盒、塑料纸巾盒、蓝牙模块、L298N 电机驱动模块、低压水泵、直流减速电机、发光二极管、车轮、万向轮、电源、杜邦线、3D 打印机专用的 PLA 材料等。

三、问题提出

在生活中，我们经常会看到发生火灾时因环境恶劣，消防员不幸牺牲的新闻。在本次项目中，我们的想法是设计一台迷你遥控喷水消防机器人代替在恶劣环境工作的消防员。

四、工作原理

我们制作的机器人如图所示，使用 Arduino UNO 开发板作为主控板，通过 Arduino IDE 编写程序，让 Arduino 开发板接收手机蓝牙 spp 串口通信工具发送的信号实现控制机器人运动、喷水及照明的功能；通过蓝牙模块让 Arduino 接收手机蓝牙 spp 串口通信工具发送的信号；通过 L298N 电机驱动模块让 Arduino 控制车轮及低压水泵的启动及关闭；通过手机蓝牙 spp 串口通信工具，我们可以遥控机器人前进后退左右转动，还能遥控机器人照明及喷水。

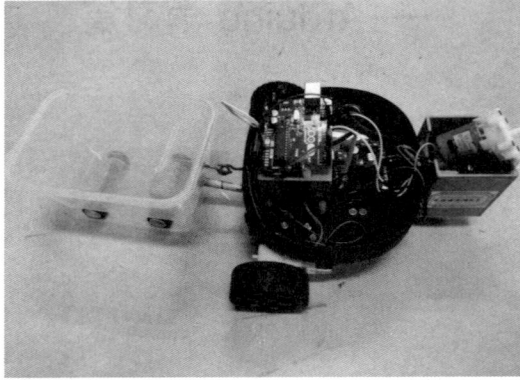

五、运行程序示例

```
char getstr;
int pin1=5;
int pin2=6;
int pin3=9;
int pin4=10;
int led1=2;
int led2=4;
int in1=8;
int in2=12;
void Lblink()
{
  digitalWrite(led1,HIGH);
}
void Rblink()
{
  digitalWrite(led2,HIGH);
}
void Lclose()
{
  digitalWrite(led1,LOW);
}
void Rclose()
{
  digitalWrite(led2,LOW);
}
void Water()
{
  digitalWrite(in1,HIGH);
  digitalWrite(in2,LOW);
}
void Dry()
{
  digitalWrite(in1,LOW);
  digitalWrite(in2,LOW);
}
void Forward()
```

```
{
  digitalWrite(pin1,HIGH);
  digitalWrite(pin2,LOW);
  digitalWrite(pin3,HIGH);
  digitalWrite(pin4,LOW);
}
void Right()
{
  digitalWrite(pin1,LOW);
  digitalWrite(pin2,HIGH);
  digitalWrite(pin3,HIGH);
  digitalWrite(pin4,LOW);
}
void Left()
{
  digitalWrite(pin1,HIGH);
  digitalWrite(pin2,LOW);
  digitalWrite(pin3,LOW);
  digitalWrite(pin4,HIGH);
}
void Back()
{
  digitalWrite(pin1,LOW);
  digitalWrite(pin2,HIGH);
  digitalWrite(pin3,LOW);
  digitalWrite(pin4,HIGH);
}
void Stop()
{
  digitalWrite(pin1,LOW);
  digitalWrite(pin2,LOW);
  digitalWrite(pin3,LOW);
  digitalWrite(pin4,LOW);
}
void setup()
{
  Serial.begin(9600);
  pinMode(pin1,OUTPUT);
  pinMode(pin2,OUTPUT);
  pinMode(pin3,OUTPUT);
  pinMode(pin4,OUTPUT);
  pinMode(led1,OUTPUT);
  pinMode(led2,OUTPUT);
  pinMode(in1,OUTPUT);
  pinMode(in2,OUTPUT);
  digitalWrite(pin1,LOW);
  digitalWrite(pin2,LOW);
  digitalWrite(pin3,LOW);
  digitalWrite(pin4,LOW);
  digitalWrite(in1,LOW);
  digitalWrite(in2,LOW);
}
void loop()
{
  getstr=Serial.read();
  if(getstr=='f')
  {
    Serial.println("Forward!");
    Forward();
  }
  else if(getstr=='b')
  {
    Serial.println("Back!");
    Back();
```

```
    }
    else if(getstr=='l')
    {
      Serial.println("Left!");
      Left();
    }
    else if(getstr=='r')
    {
      Serial.println("Right!");
      Right();
    }
    else if(getstr=='s')
    {
      Serial.println("Stop!");
      Stop();
    }
    else if(getstr=='o')
    {
      Serial.println("Lblink!");
      Lblink();
    }
    else if(getstr=='k')
    {
      Serial.println("Rblink!");
      Rblink();
    }
    else if(getstr=='c')
    {
      Serial.println("Lclose!");
      Lclose();
    }
    else if(getstr=='e')
    {
      Serial.println("Rclose!");
      Rclose();
    }
    else if(getstr=='w')
    {
      Serial.println("Water!");
      Water();
    }
    else if(getstr=='d')
    {
Serial.println("Dry!");
Dry();
    }
    }
```

六、机器人的制作

1. 功能设计

鼓励学生通过上网搜索确定制作的机器人需要具备的功能，及查找需要用到的传感器等。

2. 结构设计

根据功能及要用到的传感器的大小，通过草图形式绘制机器人的整体结构，再通过 SolidWorks 3D 建模软件（已学习基础操作的前提）设计要用到的内部零部件。

3. 零部件及外壳组装

辅导学生学习使用电动螺丝刀、手电钻等工具，并辅导学生将零部件及外壳进行组装。

4. 程序编写

辅导学生学习使用 Arduino IDE 编写程序，实现通过 L298N 电机驱动模块驱动直流减速电机运动；实现 Arduino 开发板接收手机蓝牙 spp 串口通信工具发送的信号；学会使用 Arduino IDE 的串口监视器查看蓝牙模块接收到的手机发送的信号。

5. 调试及修改

鼓励学生自主调试机器人，并做好调试记录，对出现的问题进行分析及思考，通过小组讨论及网络搜索等方式，寻找解决方案。在寻找解决方案的过程中，教师给予学生必要的纠正及帮助。

6. 演示成果

学生演示制作的迷你遥控喷水消防机器人，并介绍机器人的工作原理、需要改进的地方及未来前景等。

七、活动评价

1. 创新点评价

评分标准：

创新点高（市场上没有）：3分；创新点较高（市场上有，比市场上的产品在功能或结构上有较大的改进）：2分；创新点低（市场上有，比市场上的产品在功能或结构上只做了一点的修改）：1分；没有创新点（跟市场上现有的产品功能一致，结构相似度高）：0分

评价人：_____   分数：_____

2. 制作完成度评价

评价次数	评价人	结构完成情况	功能完成情况	备　注

八、活动总结

（1）通过学习，学生们了解了 Arduino UNO 开发板的结构，掌握了使用 Arduino IDE 编写程序实现通过 L298N 电机驱动模块驱动直流减速电机运动，掌握了通过蓝牙模块让 Arduino 开发板接收手机蓝牙 spp 串口通信工具发送的信号。

（2）通过活动，学生们体验了亲自设计、组装及调试机器人，学会了自主寻找解决问题的方法。

简易搬运机器人
——Arduino 学习篇

郑　旖

一、学习目标

（1）认识 Arduino Nano 开发板的结构；

（2）学习使用 Arduino IDE 编写程序；

（3）学习使用红外传感器实现巡线功能；

（4）学习使用压力传感器称量物体的重量；

（5）学习组装及调试机器人。

二、材料及工具

Arduino Nano 开发板、红外传感器、HX711 压力传感器、L298N 电机驱动模块、减速电机、车轮、万向轮、电池盒、塑料盖、黑色胶带、发光二极管、杜邦线、3D 打印机专用的 PLA 材料等。

三、问题提出

随着科技的发展，人们生活水平的不断提高，机器人在这里扮演着重要的角色。在本次项目中，我们的想法是设计一台可以搬运物品到指定位置的机器人——为医院分发药品、为工厂运输材料等，以弥补人手不足的缺点。

四、工作原理

我们制作的机器人如图 1 所示，使用 Arduino Nano 开发板作为主控板，通过 Arduino IDE 编写程序，让小车实现自动搬运物品到指定位置的功能；利用红外传感器通过检测黑色胶带和地板颜色产生的高低电位信号来实现巡线功能。为了让小车实现物品

图 1

达到一定重量后能自动启动的功能，我们通过 HX711 压力传感器来实现。为了让小车能搬运物品到指定位置，我们设计了如图 2 所示的巡线模式。例如当病房需要药品或物品的时候，只需电话通知药房或储物室的医务人员，医务人员确定好每间病房的送货时间，病房里的人只需在送货时间将病房门口前的巡线板翻转，换成转入病房的线路，便可以让机器人自动把药品或物品送进病房。

我们制作的简易搬运机器人，操作方便，送货效率高，可以弥补人手不足的缺点。

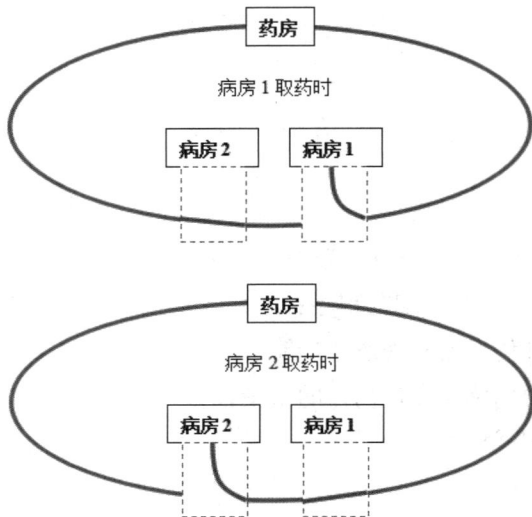

图 2

五、运行程序示例

```
// Hx711. DOUT – pin #A2
// Hx711. SCK – pin #A3
#include <Hx711. h>
Hx711 scale(A2, A3);
#define Lgray 3
#define Rgray 4
#define Lled 5
#define Rled 6
#define Ldirection 7
#define Rdirection 8
#define Lspeed 9
#define Rspeed 10
void moveForward()
{
    digitalWrite(Rdirection,0);
    digitalWrite(Ldirection,0);
    analogWrite(Rspeed,100);
    analogWrite(Lspeed,100);
}
void Stop()
{
    digitalWrite(Rdirection,0);
```

```
digitalWrite(Ldirection,0);
analogWrite(Rspeed,0);
analogWrite(Lspeed,0);
}
void turnLeft()
{
digitalWrite(Rdirection,0);
digitalWrite(Ldirection,1);
analogWrite(Rspeed,100);
analogWrite(Lspeed,60);
}
void turnRight()
{
digitalWrite(Rdirection,1);
digitalWrite(Ldirection,0);
analogWrite(Rspeed,60);
analogWrite(Lspeed,100);
}
void sense()
{
int Lsensor=digitalRead(Lgray);
Int Rsensor=digitalRead(Rgray);
}
void followLine()
{
if(Lsensor==1 && Rsensor==1)
moveForward();
else if(Lsensor==1 && Rsensor==0)
turnLeft();
else if(Rsensor==1 &&Lsensor==0)
turnRight();
else
```

```
Stop();
}
void setup()
{
pinMode(3,INPUT);
pinMode(4,INPUT);
for(int i=5;i<=10;i++)
pinMode(i,OUTPUT);
Serial.begin(9600);
Serial.println("Start:");
for(int i=5;i<=10;i++)
digitalWrite(i,LOW);
while(scale.getGram()<=20)
{
digitalWrite(Lled,HIGH);// 物品重
量未达到时，还不能启动，D5 引脚指示
灯亮
digitalWrite(Rled,LOW);
}
}
void loop()
{
sense();
Serial.print("Left_sensor:");
Serial.println(Lsensor);
Serial.print("Right_sensor:");
Serial.println(Rsensor);
digitalWrite(Lled,LOW);
digitalWrite(Rled,HIGH); // 物品重量
达到时，D6 引脚指示灯亮，开始启动
followLine( );
}
```

六、机器人的制作

1. 功能设计

鼓励学生通过上网搜索确定制作的机器人需要具备的功能，及查找需要用到的传感器等。

2. 结构设计

根据功能及要用到的传感器的大小，通过草图形式绘制机器人的整体结构，再通过 SolidWorks 3D 建模软件（已学习基础操作的前提）设计要用到的内部零部件。

3. 零部件及外壳组装

辅导学生学习使用电动螺丝刀、手电钻等工具，并辅导学生将零部件及外壳进行组装。

4. 程序编写

辅导学生学习使用 Arduino IDE 编写程序让红外传感器实现巡线功能及使用 HX711 压力传感器实现称重功能，并让学生将新学的模块的编程方法跟之前学过的 L298N 电机驱动板的编程方法进行整合。

5. 调试及修改

鼓励学生自主调试机器人，并做好调试记录，对出现的问题进行分析及思考，通过小组讨论及网络搜索等方式，寻找解决方案。在寻找解决方案的过程中，教师给予学生必要的纠正及帮助。

6. 展示成果

学生演示制作的自动运输机器人，并介绍机器人的工作原理、需要改进的地方及未来前景等。

七、活动评价

1. 创新点评价

评分标准：

创新点高（市场上没有）：3 分；创新点较高（市场上有，比市场上的产品在功能或结构上有较大的改进）：2 分；创新点低（市场上有，比市场上的产品在功能或结构上只做了一点的修改）：1 分；没有创新点（跟市场上现有的产品功能一致，结构相似度高）：0 分

评价人：_____　　　　　分数：_____

2. 制作完成度评价

评价次数	评价人	结构完成情况	功能完成情况	备　注

八、活动总结

（1）通过学习，学生们了解了 Arduino Nano 开发板的结构，掌握了使用 Arduino IDE 编写程序让红外传感器实现巡线功能和让 HX711 压力传感器实现称重功能。

（2）通过活动，学生们体验了亲自设计、组装及调试机器人，学会了自主寻找解决问题的方法。

"蛤蛤"蛙形抓捕机器人

——Arduino 学习篇

郑　旖

一、学习目标

（1）学习使用 Arduino IDE 编写程序；

（2）学习通过超声波传感器测量距离的方法；

（3）学习推拉式直流电磁铁及蜂鸣器的使用；

（4）学习简单的机械结构模型设计；

（5）学习组装及调试机器人。

二、材料及工具

Arduino UNO 开发板、L298N 电机驱动模块、直流减速电机、超声波传感器、蜂鸣器、LED 灯、9 V 干电池、杜邦线、3 D 打印机专用的 PLA 材料、推拉式直流电磁铁和直流减速电机等。

三、问题提出

夏季蚊虫滋生快，蚊虫在干扰人们正常作息的同时，也在传播疾病。为了能很好地防止蚊虫，让人们在忙碌的学习、工作及愉快的玩耍中不受蚊虫的干扰，能够全身心地投入到学习、工作、玩耍当中，"蛤蛤"出现了。"蛤蛤"是我们设想的未来灭蚊虫机器人的雏形。

四、工作原理

我们制作的机器人如图所示，"蛤蛤"在工作过程中时刻通过超声波传感器计算与飞虫（模型）的距离，当飞虫进入程序设定的范围时，"蛤蛤"开始向着飞虫的方向跳动，当快接近飞虫时停止跳动，并通过推拉式直流电磁铁迅速做出反应（伸出舌头，把飞虫吸住），然后亮起头部两侧的 LED 灯，并发出"滴滴"声（模拟已消灭飞虫）。

五、运行程序示例

```
const int TrigPin = 2;
const int EchoPin = 3;
float distance;
int motor1 = 5;
int motor2 = 6;
int tongue3 = 9;
int tongue4 = 10;
int LED1=7;
int LED2=8;
int sound=12;
void setup()
{
  Serial.begin(9600);
  pinMode(TrigPin, OUTPUT);
  pinMode(EchoPin, INPUT);
  pinMode(motor1, OUTPUT);
  pinMode(motor2, OUTPUT);
  pinMode(tongue3, OUTPUT);
  pinMode(tongue4, OUTPUT);
  pinMode(LED1, OUTPUT);
  pinMode(LED2, OUTPUT);
  pinMode(sound, OUTPUT);
  Serial.println("Start");
}
void loop()
{
  digitalWrite(TrigPin, LOW);
  delayMicroseconds(2);
  digitalWrite(TrigPin, HIGH);
  delayMicroseconds(10);
  digitalWrite(TrigPin, LOW);
   distance = pulseIn(EchoPin, HIGH) / 58. 00;
  Serial.print(distance);
  Serial.println("cm");
  delay(1000);
  if(distance>=3&&distance<=30）
  {
    // 电机正转，青蛙跳动
    digitalWrite(motor1, HIGH);
```

```
    digitalWrite(motor2, LOW);
}
else if(distance>=0&&distance<=2)
{
    // 电机停止，开始伸舌头
    digitalWrite(motor1, LOW);
    digitalWrite(motor2, LOW);
    digitalWrite(tongue3, HIGH);
    digitalWrite(tongue4, LOW);
    delay(500);
    digitalWrite(tongue3, LOW);// 停止伸
```
舌头
```
    digitalWrite(tongue4, LOW);
    for(int i=0;i<3;i++) // 亮起脸两侧的
```
LED 灯，一亮一灭效果，闪动三次，并发

```
出声音
{
    digitalWrite(LED1, HIGH);
    digitalWrite(LED2, HIGH);
    delay(500);
    digitalWrite(LED1, LOW);
    digitalWrite(LED2, LOW);
    delay(200);
    digitalWrite(sound, HIGH);
    delay(500);
    digitalWrite(sound, LOW);
    delay(200);
}
}
```

六、机器人的制作

1. 功能设计

鼓励学生通过上网搜索确定制作的机器人需要具备的功能，及查找需要用到的传感器等。

2. 结构设计

根据功能及要用到的传感器的大小，通过草图形式绘制机器人的整体结构，再通过 SolidWorks 3D 建模软件设计要用到的零部件。

3. 零部件及外壳组装

辅导学生学习使用电动螺丝刀、手电钻等工具，并辅导学生将零部件及外壳进行组装。

4. 程序编写

辅导学生学习使用 Arduino IDE 编写程序，实现通过超声波传感器测量距离，并将 L298N 电机驱动模块的程序整合在一起。

5. 调试及修改

辅导学生学会推拉式直流电磁铁及蜂鸣器的使用；学会简单的机械结构模型设计；鼓励学生自主调试机器人，并做好调试记录，对出现的问题进行分析及思考，通过小组讨论及网络搜索等方式，寻找解决方案。在寻找解决方案的过程中，教师给予学生必要

的纠正及帮助。

6. 展示成果

学生演示制作的"蛤蛤"蛙形抓捕机器人，并介绍机器人的工作原理、需要改进的地方及未来前景等。

七、活动评价

1. 创新点评价

评分标准：

创新点高（市场上没有）：3分；创新点较高（市场上有，比市场上的产品在功能或结构上有较大的改进）：2分；创新点低（市场上有，比市场上的产品在功能或结构上只做了一点的修改）：1分；没有创新点（跟市场上现有的产品功能一致，结构相似度高）：0分

评价人：_____ 分数：_____

2. 制作完成度评价

评分标准：

整体结构已完成且能实现所有功能：3分；整体结构已完成但只能实现部分功能：2分；整体结构已完成但功能实现不了：1分；整体结构及功能都没有完成：0分

评价次数	评价人	结构完成情况	功能完成情况	备 注

八、活动总结

（1）通过学习，学生们掌握了使用 Arduino IDE 编写程序，实现通过超声波传感器测量距离，并学会了将超声波传感器测量距离的程序与 L298N 电机驱动模块的程序整合在一起。

（2）通过活动，学生们掌握了推拉式直流电磁铁及蜂鸣器的使用，学习了简单的机械结构模型设计，体验了亲自设计、组装及调试机器人，学会了自主寻找解决问题的方法。

创药煲
——Arduino 学习篇

郑　旖

一、学习目标

（1）学习改装用电器；

（2）学习使用 Arduino IDE 编写程序；

（3）学习继电器控制高压电源的方法；

（4）学习 LCD 显示屏的使用，以及温度传感器的使用、App Inventor 的简单使用；

（5）学习机器的组装及调试。

二、材料及工具

Arduino Nano 开发板、继电器、L298N 电机驱动模块、蓝牙模块、220 V 转 12 V 和 220 V 转 5 V 变压器、LCD 显示屏、低压水泵、蜂鸣器、电子中药煲、小木凳、杜邦线、3D 打印机专用的 PLA 材料等。

三、问题提出

随着时代和科技的发展，越来越多新发明带给人们便利的生活。我们这次的项目是设计一款中药煲，希望它可以让生病中的人们尽可能带来更多的便利，这款中药煲起名为"创药煲"。

四、工作原理

设计的创药煲如图所示，利用了 Arduino Nano 板控制 DS18B20 温度传感器获取温度，通过 LCD 显示屏显示温度。接通电源后，利用 App Inventor 编写手机 App，通过手机蓝牙发送信号给 Arduino Nano 板控制中药煲工作。当按 App 的"开始清洗"键时，Arduino Nano 板接收到信号后，发送信号给 L298N 电机驱动模块，加清水的水泵 1 工作，给煲加一定量的清水；接着抽洗煲水的水泵 2 工作，把加入煲的水抽走，循环两次；当按 App 的"开始加热"键时，Arduino Nano 板收到信号后，加清水的水泵 1 工作，给煲加一定量的清水，连接煲加热盘的继电器合上，煲开始加热；当温度传感器检测到煲内液体温度达到 100 ℃时，继电器断开，当液体温度低于 70 ℃时继电器合上，继续加热，循环三次；循环三次后，继电器断开；当温度低于 40 ℃时，抽中药水的水泵 3 工作，把煲好的中药水抽到碗里，接着蜂鸣器发出 5 次"滴滴"声，提醒用户已经煲好药。

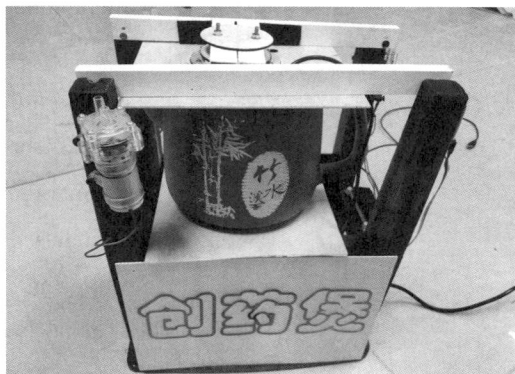

五、运行程序示例

```
#include <LiquidCrystal_I2C.h>
#include <Wire.h>
#include <OneWire.h>
#include <DallasTemperature.h>
#define temperature A0
#define relay 10
#define buzzer 11
OneWire oneWire(temperature);
DallasTemperature sensors(&oneWire);
LiquidCrystal_I2C lcd(0x27,16,2);
void motor1()
{
  digitalWrite(4,HIGH);
  digitalWrite(5,LOW);
  delay(3000);
  digitalWrite(4,LOW);
  digitalWrite(5,LOW);
}
void motor2()
{
  digitalWrite(6,HIGH);
  digitalWrite(7,LOW);
  delay(3000);
  digitalWrite(6,LOW);
  digitalWrite(7,LOW);
}
void motor3()
{
  digitalWrite(8,HIGH);
  digitalWrite(9,LOW);
```

```
    delay(3000);
    digitalWrite(8,LOW);
    digitalWrite(9,LOW);
}
void setup()
{
    Serial.begin(9600);
    for(int i=4;i<=11;i++)
    pinMode(i,OUTPUT);
    sensors.begin();
    lcd.init();
    lcd.backlight();
    lcd.setCursor(0,0);
}
void loop()
{
    sensors.requestTemperatures();
    Serial.print("temperature: ");
    Serial.println(sensors.getTempCByIndex(0));
    lcd.setCursor(0,0);
    lcd.print("temperature:");
    lcd.println(sensors.getTempCByIndex(0));
    char a=Serial.read();
    switch(a)
{
    case'q'://清洗锅两次
    Serial.println("wash");
    for(int i=0;i<2;i++)
{
    motor1();//电机 1 加清水
    motor2();//电机 2 抽掉洗锅水
}
    break;
```

```
    case'z'://煮药和抽药
    Serial.println("cook");
    motor1();//电机 1 加清水
    digitalWrite(relay,HIGH);//继电器
合上
    int number=0;
    while(number<3)
{
    sensors.requestTemperatures();
    lcd.setCursor(0,0);
    lcd.print("temperature:");
    lcd.println(sensors.getTempCByIndex(0));
    Serial.print("temperature: ");
    Serial.println(sensors.getTempCByIndex(0));
    if(sensors.getTempCByIndex(0)>=100)
{
    digitalWrite(relay,LOW);//继电器
断开
    number++;
}
    else if (sensors.getTempCByIndex(0)<=70)
    digitalWrite(relay,HIGH);//继电器
合上
}
    digitalWrite(relay,LOW);//继电器
断开
    sensors.requestTemperatures();
    if(sensors.getTempCByIndex(0)<40)
{
    motor3();//电机 3 抽中药水到碗
    for(int i=1;i<=5;i++)//蜂鸣器发出嘀
嘀声
{
```

```
digitalWrite(buzzer,HIGH);                                    }
delay(1000);                                              break;
digtalWrite(buzzer,LOW);                                       }
delay(1000);                                                   }
}
```

六、机器人的制作

1. 功能设计

鼓励学生通过上网搜索确定制作的机器人需要具备的功能，及查找需要用到的传感器等。

2. 结构设计

根据用到的材料，通过草图形式设计各个电子元件的位置；通过 SolidWorks 3D 建模软件（已学习基础操作的前提）设计要用到的支架。

3. 零部件及外壳组装

辅导学生学习使用电烙铁、剥线钳、电动螺丝刀、手电钻等工具，并辅导学生拆卸及改装电子中药煲、安装设计要用到的各个电子元件及布线。

4. 程序编写

辅导学生学习使用 Arduino IDE 编写程序，通过继电器控制高压电源，通过温度传感器获取当前温度值，通过 LCD 显示屏显示当前温度值；辅导学生学习使用 App Inventor 编写简单的手机 App；辅导学生将每个模块的测试程序进行整合。

5. 调试及修改

鼓励学生自主调试机器，并做好调试记录，对出现的问题进行分析及思考，通过小组讨论及网络搜索等方式，寻找解决方案。在寻找解决方案的过程中，教师给予学生必要的纠正及帮助。

6. 演示成果

学生演示制作的创药煲，并介绍创药煲的工作原理、需要改进的地方及未来前景等。

七、活动评价

1. 创新点评价

评分标准：

创新点高（市场上没有）：3 分；创新点较高（市场上有，比市场上的产品在功能或结构上有较大的改进）：2 分；创新点低（市场上有，比市场上的产品在功能或结构上只做了一点的修改）：1 分；没有创新点（跟市场上现有的产品功能一致，结构相似度高）：0 分

评价人：_____　　　　分数：_____

2. 制作完成度评价

评价次数	评价人	结构完成情况	功能完成情况	备　注

八、活动总结

（1）通过学习及 Arduino 编程，学生掌握了通过继电器控制高压电源、LCD 显示屏、温度传感器的使用方法，掌握了 App Inventor 的简单运用。

（2）通过活动，学生们体验了亲自拆卸、改装用电器，亲自设计、组装及调试机器，学会了自主寻找解决问题的方法。

沏茶机器人
——Arduino 学习篇

郑 旖

一、学习目标

（1）认识树莓派开发板的结构及使用方法；

（2）掌握通过 Arduino IDE 编写程序控制舵机运动；

（3）学习将 Arduino 开发板和树莓派开发板相结合，制作一台 AI 机器人；

（4）学习组装及调试机器人。

二、材料及工具

Arduino uno 开发板、树莓派开发板、显示屏、舵机、迷你音箱、麦克风、低压水泵、DS18B20 温度传感器、电热杯、220 V 转 5 V 和 220 V 转 12 V 变压器、L298N 电机驱动模块、免驱声卡、杜邦线、导线、3D 打印机专用的 PLA 材料等。

三、问题提出

随着科技的发展，人们生活水平的不断提高，机器人在社会中扮演着重要的角色。在本次项目中，我们想设计一台语音识别自动沏茶的机器人，目的是推广中国茶文化。

四、工作原理

实物如图所示，我们使用 SolidWorks 3D 建模软件设计机器人的外壳及部分零件，使用树莓派与 Arduino 串口通信，实现语音控制机器人完成沏茶功能。当用户说出机器人的名字时，机器人就会询问用户想喝什么茶，随后只需直接说出想要喝的茶的种类，机器人就会自动把用户想要的茶叶装进杯子里并倒入开水，整个过程会有音乐伴随。只需稍等片刻，用户就可以喝到清香四溢的中国茶，或者也可以直接让机器人倒一杯开水，非常方便。

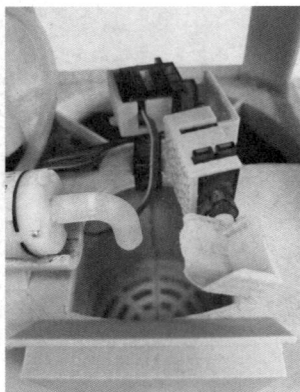

五、运行程序示例

arduino 部分：

```
#include <Servo.h>
#define IN1 2
#define IN2 4
Servo servo1;// 创建手臂转动舵机控制对象为 servo1
Servo servo2;// 创建勺子上下运动舵机控制对象为 servo2
Servo servo3;// 创建勺子旋转舵机控制对象为 servo3
char ch;// 存储接收的串口信号
void initializtion()
{
  pinMode(IN1, OUTPUT);
  pinMode(IN2, OUTPUT);
  servo1. attach(9);
  servo2. attach(10);
  servo3. attach(11);
}
void water()   // 热水泵
{
  Serial.println("water");
  digitalWrite(IN1, HIGH);
  digitalWrite(IN2, LOW);
  delay(15000);
  digitalWrite(IN1, LOW);
  digitalWrite(IN2, LOW);
}
void arm1()
{
  servo3. write(90);// 勺子旋转为竖直
  delay(1000);
  servo2. write(140);// 勺子向下运动
  delay(1000);
  servo3. write(0);// 勺子旋转回平放
  delay(1000);
  for(int a=servo2. read();a>90;a-=1)
  {
    servo2. write(a);
    delay(50);
  }
  delay(1000);
}
  void arm2()
```

```
    {
        for(int b=servo2. read();b>40;b-=1)
    {
        servo2. write(b);
        delay(50);
    }
        delay(1000);
        servo3. write(90);// 勺子旋转为竖直
        delay(2000);
        servo3. write(0);// 勺子旋转回平放
        delay(1000);
        servo2. write(90);// 勺子回到水平
位置
        delay(1000);
    }
    void arm3()
    {
    for(int c=servo1. read();c>0;c-=1)
    {
        servo1. write(c);
        delay(30);
    }
    delay(1000);
    }
    void go()
    {
    switch(ch)
    {
        case 'b':  // 红茶
        Serial.println("red tea");
        servo1. write(65);// 手臂逆时针转
65 度
        arm1();// 勺子向下运动
        arm3();// 手臂回到起点
        arm2();// 勺子倾倒茶叶
        delay(1000);
        Serial.println("hot water");
        water();
        ch=0;
        Serial.println("done!");
        break;
        case 'g':  // 绿茶
        Serial.println("green tea");
        servo1. write(95);// 身体逆时针转
95 度
        arm1();
        arm3();
        arm2();
        delay(1000);
        Serial.println("hot water");
        water();
        ch=0;
        Serial.println("done!");
        break;
        case 'd':  // 黑茶（普洱茶）
        Serial.println("black tea");
        servo1. write(120);// 身体逆时针转
120 度
        arm1();
        arm3();
        arm2();
        delay(1000);
        Serial.println("hot water");
        water();
```

```
ch=0;                                          Serial.println("done!");
Serial.println("done!");                       break;
break;                                         default:
case'y'://花茶                                 Serial.println("wait");
Serial.println("flower tea");                  servo1. write(0);// 起始位置
 servo1. write(147);// 身体逆时针转            ch=0;
147 度                                         break;
arm1();                                        }
arm3();                                        }
arm2();                                        void setup()
delay(1000);                                    {
Serial.println("hot water");                     Serial.begin(9600); // 启动串口通信
water();                                          initializtion();// 初始化
ch=0;                                          }
Serial.println("done!");                       void loop()
break;                                         {
case 'w': // 热水                                if(Serial.available())
Serial.println("hot water");                     ch=Serial.read();
water();                                          go();
ch=0;                                          }
```

六、机器人的制作

1. 功能设计

鼓励学生通过上网搜索确定制作的机器人需要具备的功能，及查找需要用到的传感器等。

2. 结构设计

根据功能及要用到的传感器的大小，通过草图形式绘制机器人的整体结构及内部结构，再通过 SolidWorks 3D 建模软件(已学习基础操作的前提)设计外壳及要用到的零部件。

3. 零部件及外壳组装

辅导学生学习使用电烙铁、热熔胶枪、电动螺丝刀、手电钻等工具，并辅导学生将零部件及外壳进行组装。

4. 程序编写

辅导学生学习使用 Arduino IDE 编写程序让手臂实现沏茶功能；辅导学生运用树莓

派开发板，通过 Python 编程让机器人实现语音识别功能；辅导学生通过树莓派开发板与 Arduino 开发板之间的串口通信，实现语音控制机器人完成沏茶功能。

5. 调试及修改

鼓励学生自主调试机器人，并做好调试记录，对出现的问题进行分析及思考，通过小组讨论及网络搜索等方式，寻找解决方案。在寻找解决方案的过程中，教师给予学生必要的纠正及帮助。

6. 演示成果

学生演示制作的沏茶机器人，并介绍机器人的工作原理、需要改进的地方及未来前景等。

七、活动评价

1. 创新点评价

评分标准

创新点高（市场上没有）：3分；创新点较高（市场上有，比市场上的产品在功能或结构上有较大的改进）：2分；创新点低（市场上有，比市场上的产品在功能或结构上只做了一点的修改）：1分；没有创新点（跟市场上现有的产品功能一致，结构相似度高）：0分

评价人：_____   分数：_____

2. 制作完成度评价

评价次数	评价人	结构完成情况	功能完成情况	备　注

八、活动总结

（1）通过学习，学生们了解了树莓派开发板的结构及使用方法；通过 Python 编程，让机器人实现语音识别功能；通过 Arduino 编程，控制多个舵机完成一整套的沏茶运动功能；

（2）通过活动，学生们体验了亲自设计、组装及调试机器人，学会了自主寻找解决问题的方法。

我的学习小伙伴 "bear"
——语音识别篇

郑 旖

一、学习目标

（1）认识树莓派 3B 开发板，学习使用树莓派开发板制作机器人；

（2）学习运用 Python 编程，通过 L298N 电机驱动板，控制直流减速电机运动；

（3）学习运用 Python 编程，通过 espeak 语音合成软件，让机器人说话；

（4）学习运用 Python 编程，通过 PocketSphinx 语音识别系统，让机器人实现语音识别功能；

（5）学习运用 Python 编程，通过 Pygame 模块设计简单的机器人表情包；

（6）学习通过万用电路板设计及制作传感器模块；

（7）学习组装及调试机器人。

二、材料及工具

树莓派 3B 开发板、3.5 寸显示屏、L298N 电机驱动模块、直流减速电机、麦克风、有源扬声器、免驱 USB 声卡、万用电路板、蜂鸣器、电位器、三极管、光敏电阻、12 V 锂电池、万向轮、杜邦线、3D 打印机专用的 PLA 材料等。

三、问题提出

在 AI 的领域里，语音交互最重要的功能是传递信息，让机器人知道我们要做什么、怎么做。我们希望通过语音识别技术，研发一台可以帮助我们学习的机器人。我们以问卷调查的形式调查了一百多名学生的意见，通过归纳，确定我们研发的机器人的功能，包括：可以登陆互联网搜索查找资料；可以语音互动（心情不好时机器人能说话给予安慰，并能通过显示屏显示简单的表情）；可以语音操控机器人做简单运动（增加趣味性）；可以语音控制机器人播放音乐；可以语音控制机器人身上的护眼灯开启及关闭。

四、工作原理

如图 1 所示，我们设计了一个简易的光敏传感器模块，带有光敏调光功能和防打瞌睡功能。光敏传感器模块接树莓派的 GPIO 引脚，通过树莓派进行供电。当光照强度大时，光敏电阻阻值变小，大部分电流经光敏电阻流入树莓派的 GND，只有少量的电流流入三极管的基极，此时灯不亮或暗，蜂鸣器没有声音或声音很小；当光照强度变弱时，光敏电阻阻值变大，流入三极管基极的电流变大，灯变亮，蜂鸣器声音变大。实现光控自动调光自动调节声音大小的作用。

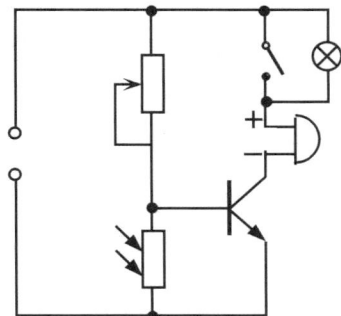

图 1

三极管在这里起电子开关的作用，当基极有适量的电流流入时，集电极和发射极导通，当基极的电流很小或没有时，集电极和发射极断开。蜂鸣器带有开关，只做智能灯时可以断开蜂鸣器，要起用防打瞌睡功能，再合上蜂鸣器的开关。

图 2

机器人如图 2 所示。使用方法：将机器人放在桌面旁边，写作业或看书时，如果打瞌睡想趴在桌面上，身体遮挡进入光敏电阻的光线，光照强度变弱，蜂鸣器就会发出响亮的声音，吵醒准备趴在桌面上的人。

为了让机器人实现互动功能，我们运用 Python 编程，先写好机器人需要执行的动作及表情包程序；为了提高 PocketSphinx 语音识别系统的识别准确度，我们通过减少其可接受的词汇量的方式，定制自己的词汇表；再通过修改 PocketSphinx 的 continuous.c 的代码，让机器人实现互动功能。

五、机器人的制作

1. 功能设计

鼓励学生通过上网搜索确定制作的机器人需要具备的功能，及查找需要用到的电子元件等。

2. 结构设计

根据用到的材料及功能，通过草图形式设计机器人的整体结构及内部结构；通过 SolidWorks 3D 建模软件（已学习基础操作的前提）设计要用机器人的外壳及零部件。

3. 零部件及外壳组装

辅导学生学习使用电烙铁焊接设计的电路板，并辅导学生通过螺钉、螺母、热熔胶等组装机器人、安装设计要用到的电子元件及布线。

4. 程序编写

辅导学生运用 Python 编程通过 L298N 电机驱动板，控制直流减速电机运动；通过 espeak 语音合成软件，让机器人说话；通过 PocketSphinx 语音识别系统，让机器人实现语音识别功能；通过 Pygame 模块设计简单的机器人表情包；辅导学生将每个模块的测试程序进行整合。

5. 调试及修改

鼓励学生自主调试机器人，并做好调试记录，对出现的问题进行分析及思考，通过小组讨论及网络搜索等方式，寻找解决方案。在寻找解决方案的过程中，教师给予学生必要的纠正及帮助。

6. 演示成果

学生演示制作的机器人，并介绍机器人的工作原理、需要改进的地方及未来前景等。

六、活动评价

1. 创新点评价

评分标准：

创新点高（市场上没有）：3 分；创新点较高（市场上有，比市场上的产品在功能或结构上有较大的改进）：2 分；创新点低（市场上有，比市场上的产品在功能或结构上只做了一点的修改）：1 分；没有创新点（跟市场上现有的产品功能一致，结构相似度高）：0 分

评价人：_____　　　　分数：_____

2. 制作完成度评价

评价次数	评价人	结构完成情况	功能完成情况	备　注

七、活动总结

（1）通过学习，学生学会了运用 Python 编程，通过 L298N 电机驱动板，控制直流减速电机运动；学会了通过 espeak 语音合成软件，让机器人说话；学会了通过 PocketSphinx 语音识别系统，让机器人实现语音识别功能；学会了通过 Pygame 模块，设计简单的机器人表情包；学会了通过万用电路板，设计及制作传感器模块。

（2）通过活动，学生们体验了亲自设计、组装及调试机器人，学会了自主寻找解决问题的方法。

智能取纸机
——人脸识别篇

郑　旖

一、学习目标

（1）认识树莓派 3B+ 开发板，学习使用树莓派开发板制作机器人；

（2）学习运用 Python 编程，控制舵机运动；

（3）学习运用 Python 编程，通过超声波传感器检测距离；

（4）学习运用 Python 编程，通过步进电机驱动板，控制步进电机运动；

（5）学习运用 Python 编程，通过 IC 卡读写模块，实现 IC 卡读取功能；

（6）学习运用 Python 编程，通过 Face Recognition 人脸识别库，实现人脸识别功能；

（7）学习组装及调试机器人。

二、材料及工具

树莓派 3B+ 开发板、7 寸显示屏、摄像头、步进电机驱动板、步进电机、舵机、麦克风、有源扬声器、免驱 USB 声卡、IC 卡读写模块、220 V 转 5 V 变压器、220 V 转 12 V 变压器、散热风扇、杜邦线、3D 打印机专用的 PLA 材料等。

三、问题提出

我国的生活用纸正处于消耗量大的阶段，且我国人均生活用纸消费量稳步提升。近年来，厕用卫生纸的消费量越来越大。我们认识到，不能用破坏环境的方法来换取我们的经济，所以我们萌发了研发一台能节约厕纸的机器的念头。我们设计的取纸机可以大大减少厕纸用量，从而解决用纸量大、公共厕所换纸难等问题，也保护了环境，对应了习总书记的话——"绿水青山就是金山银山"。

四、工作原理

我们通过 SolidWorks 3D 建模软件设计取纸机的外壳及零部件，再通过 3D 打印技术与激光雕刻、切割技术进行实体制作。

我们使用树莓派 3B+ 开发板与 Rasbian 操作系统，通过 OpenCV 视觉库进行人脸检测；为实现更好的识别准确度，我们通过 Face Recognition 人脸识别库进行人脸识别，经测试，准确度接近 98%。

我们通过 Python 编程实现智能取纸的功能。

通过显示屏显示识别情况、取纸情况和厕纸用量情况的提示；再使用树莓派 7 寸 LCD 电容触摸屏，使得显示更加清晰明了，让用户一目了然。

我们还通过扬声器实现语音提示功能。

我们使用树莓派 500W 像素可调焦红外夜视摄像头，利用红外自动补光技术，增加了在全黑环境下进行取纸而不需要寻找灯照亮或使用补光灯刺眼地照射自己的脸的方便功能。

使用超声波传感器检测厕纸厚度与传感器的距离，通过检测距离的变化来检测卫生纸的用量情况，当卫生纸不足时，超声波传感器发送信号给树莓派，树莓派接收到信号在显示屏上显示"需要工作人员更换卫生纸"的警告。

使用步进电机驱动板、步进电机实现自动出纸功能，当红外摄像头和程序成功识别并记录下人脸时，树莓派发出信号给步进电机驱动板，步进电机驱动板驱动直流减速电机工作，从而实现自动出纸的功能。

使用舵机，通过杠杆原理设计机械结构，制作了小型闸门和压纸板，从而实现防止手动取纸的功能。

使用 IC 卡读写模块，增加刷卡取纸代替刷脸取纸功能，更加适合一些配有 IC 员工卡的中小型企业的员工直接刷卡使用，同时兼容了一些用户的特殊要求。

以上就是我们设计及制作的智能取纸机。实物如图所示。

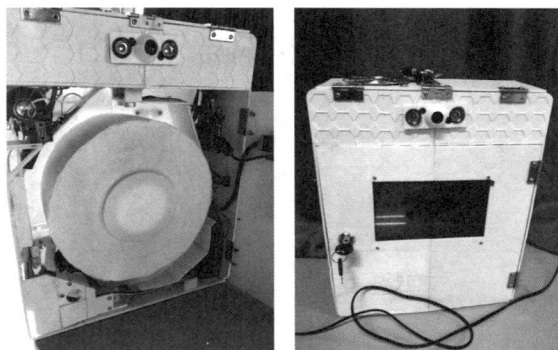

五、机器人的制作

1. 功能设计

鼓励学生通过上网搜索确定制作的机器需要具备的功能，及查找需要用到的电子元件等。

2. 结构设计

根据用到的材料及功能，通过草图形式设计机器的整体结构及内部结构；通过SolidWorks 3D 建模软件（已学习基础操作的前提）设计要用的外壳及零部件。

3. 零部件及外壳组装

辅导学生通过螺钉、螺母、热熔胶等组装机器、安装设计要用到的电子元件及布线。

4. 程序编写

辅导学生运用Python编程，控制舵机运动；通过超声波传感器检测距离；通过步进电机驱动板，控制步进电机运动；通过IC卡读写模块，实现IC卡读取功能；通过Face Recognition人脸识别库，实现人脸识别的功能；辅导学生将每个模块的测试程序进行整合。

5. 调试及修改

鼓励学生自主调试机器，并做好调试记录，对出现的问题进行分析及思考，通过小组讨论及网络搜索等方式，寻找解决方案。在寻找解决方案的过程中，教师给予学生必要的纠正及帮助。

6. 演示成果

学生演示制作的人脸识别取纸机，并介绍机器的工作原理、需要改进的地方及未来前景等。

六、活动评价

1. 创新点评价

评分标准：

创新点高（市场上没有）：3分；创新点较高（市场上有，比市场上的产品在功能或结构上有较大的改进）：2分；创新点低（市场上有，比市场上的产品在功能或结构上只做了一点的修改）：1分；没有创新点（跟市场上现有的产品功能一致，结构相似度高）：0分

评价人：_____　　　　分数：_____

2. 制作完成度评价

评价次数	评价人	结构完成情况	功能完成情况	备　注

七、活动总结

（1）通过学习，学生学会了运用 Python 编程，控制舵机运动；通过超声波传感器检测距离；通过步进电机驱动板，控制步进电机运动；通过 IC 卡读写模块，实现 IC 卡读取功能；通过 Face Recognition 人脸识别库，实现人脸识别的功能。

（2）通过活动，学生们体验了亲自设计、组装及调试机器，学会了自主寻找解决问题的方法。

智能蔬果称重计价打包机
——物体识别篇（一）

郑　旖

一、学习目标

（1）认识树莓派 4B 开发板，学习使用树莓派开发板制作机器人；

（2）学习运用 Python 编程，通过 GUI 的 Tkinter 模块制作按钮和界面；

（3）学习运用 Python 编程，通过 HX711 压力传感器获得蔬果的重量；

（4）学习运用 Python 编程，通过不干胶贴纸打印机打印计算的价格；

（5）学习运用 Python 编程，通过 Google 开源 CNN 模型 Inception（v3）通过迁移学习方式训练自己的蔬果分类模型；

（6）学习运用 Python 编程，通过 Google 开源深度学习系统 TensorFlow 调用训练的蔬果分类模型进行蔬果识别；

（7）学习组装及调试机器人。

二、材料及工具

树莓派 4B 开发板、7 寸显示屏、摄像头、L298N 电机驱动模块、直流减速电机、舵机、迷你加热器、麦克风、有源扬声器、免驱 USB 声卡、继电器、220 V 转 5 V 变压器、220 V 转 12 V 变压器、散热风扇、粗扎带、大轴承、杜邦线、3D 打印机专用的 PLA 材料等。

三、问题提出

我们在超市购买蔬果时，总会遇到以下情况：工作人员不足，需要排很长的队伍才能给蔬果打包和打印价格；工作人员刚好走开了，找不到工作人员打包和打印价格，只能等待工作人员回来，时间也随之流逝。为了解决以上的问题，我们决定研发一台能自动识别蔬果种类并自动称重计价和打包的机器。

四、工作原理

基本思路：我们研发的智能蔬果称重计价打包机的界面有两个按钮，按钮 1 为顾客操作。顾客按下按钮 1，机器开始工作，先给蔬果称重，再识别蔬果种类，接着读取蔬果单价列表文档，根据识别的蔬果种类自动查找对应蔬果的单价，并根据称量的蔬果重量和查找的单价计算出蔬果的价格，通过不干胶贴纸打印机打印出来。然后舵机和加热器相互工作，将蔬果打包密封，工作完成，等待下一位顾客再次按下按钮 1。按钮 2 为管理员操作，当管理员按下按钮 2，机器会弹出输入密码界面，当输入密码正确，会打开蔬果单价列表文档，管理员便可以修改蔬果的种类和单价，整个过程都会有语音进行指引。

研发过程：在外壳和部分零件结构方面，我们使用 SolidWorks 3D 建模软件设计机器人的外壳和部分零件，通过 3D 打印机打印出实体，并通过激光切割机进行切割加工；在功能设计及程序编写方面，我们使用树莓派 4B 开发板作为主控板，用高清摄像头作为机器人的眼睛，通过 7 寸高清触摸显示屏显示带按钮的界面，使用 Python 语言进行编程让机器人工作；用 GUI 的 Tkinter 模块制作按钮和界面，再用开源的计算机视觉库 OpenCV 对蔬果进行录入，通过 HX711 压力传感器获得蔬果的重量，再通过不干胶贴纸打印机打印出计算的价格，通过控制舵机和加热器进行塑料袋口打包密封，通过扬声器实现语音指引。在蔬果分类方面，用 Google 开源 CNN 模型 Inception（v3），通过迁移学习方式训练自己的蔬果分类模型，再以 Google 开源深度学习系统 TensorFlow 调用训练的蔬果分类模型进行蔬果识别。实物如图所示。

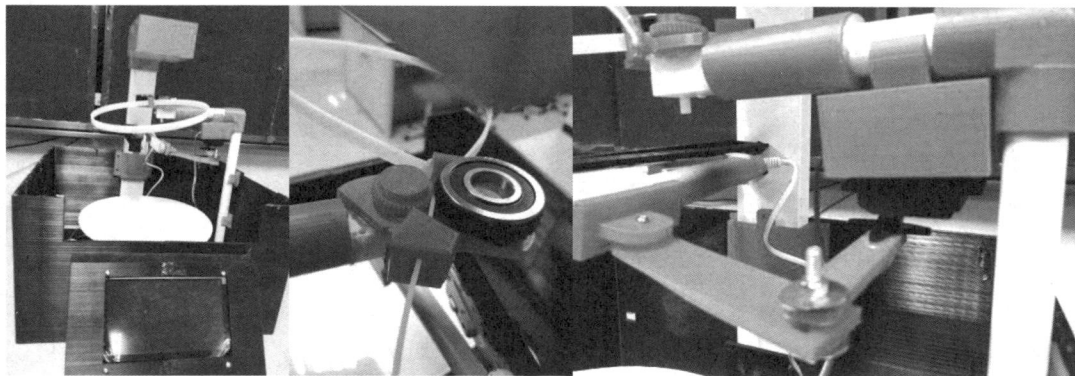

五、机器人的制作

1. 功能设计

鼓励学生通过上网搜索，确定制作的机器需要具备的功能及查找需要用到的电子元件等。

2. 结构设计

根据用到的材料及功能，通过草图形式设计机器的整体结构及内部结构；通过 SolidWorks 3D 建模软件（已学习基础操作的前提下）设计要用的外壳及零部件。

3. 零部件及外壳组装

辅导学生通过螺钉、螺母、热熔胶等组装机器、安装设计要用到的电子元件及布线。

4. 程序编写

辅导学生运用 Python 编程，通过 GUI 的 Tkinter 模块制作按钮和界面；通过 HX711 压力传感器获得蔬果的重量；通过不干胶贴纸打印机打印计算的价格；使用 Google 开源 CNN 模型 Inception（v3）通过迁移学习方式训练自己的蔬果分类模型；使用 Google 开源深度学习系统 TensorFlow 调用训练的蔬果分类模型进行蔬果识别。

辅导学生将每个模块的测试程序进行整合。

5. 调试及修改

鼓励学生自主调试机器，并做好调试记录，对出现的问题进行分析及思考，通过小组讨论及网络搜索等方式，寻找解决方案。在寻找解决方案的过程中，教师给予学生必要的纠正及帮助。

6. 演示成果

学生演示制作的智能蔬果称重计价打包机，并介绍机器的工作原理、需要改进的地方及未来前景等。

六、活动评价

1. 创新点评价

评分标准：

创新点高（市场上没有）：3分；创新点较高（市场上有，比市场上的产品在功能或结构上有较大的改进）：2分；创新点低（市场上有，比市场上的产品在功能或结构上只做了一点的修改）：1分；没有创新点（跟市场上现有的产品功能一致，结构相似度高）：0分

评价人：_____　　　　　分数：_____

2. 制作完成度评价

评价次数	评价人	结构完成情况	功能完成情况	备　注

七、活动总结

（1）通过学习，学生学会了运用 Python 编程，通过 GUI 的 Tkinter 模块制作按钮和界面；学会了通过 HX711 压力传感器获得蔬果的重量；学会了通过不干胶贴纸打印机打印计算的价格；学会了通过 Google 开源 CNN 模型 Inception（v3）通过迁移学习方式训练自己的蔬果分类模型；学会了通过 Google 开源深度学习系统 TensorFlow 调用训练的蔬果分类模型进行蔬果识别。

（2）通过活动，学生们体验了亲自设计、组装及调试机器，学会了自主寻找解决问题的方法。

道路清洁分类机器人
——物体识别篇（二）

郑　旖

一、学习目标

（1）学习运用 Python 编程通过轮毂电机驱动板，控制轮毂电机运动；

（2）认识人工智能视觉套件——角蜂鸟（Horned Sungem）；

（3）学习运用 Python 编程通过角蜂鸟，训练自己的垃圾分类模型；

（4）学习运用 Python 编程通过 OpenCV 视觉库，实现巡线功能；

（5）学习搭建及调试机器人。

二、材料及工具

树莓派 4B 开发板、7 寸显示屏、角蜂鸟人工智能视觉套件、摄像头、继电器、L298N 电机驱动模块、舵机、电动推杆、迷你吸尘器电机、超声波传感器、轮毂电机驱动板、轮毂电机、塑料箱、海绵、金属滤网、电池、轮毂电机金属支架、有机玻璃板、角铁、塑料螺纹管、扎带、导线、杜邦线、3D 打印机专用的 PLA 材料等。

三、问题提出

每天清晨都能在校园里看到同学们打扫包干区的身影，夏日顶着炎热的太阳，冬日忍耐寒冷的风。可见，打扫包干区不仅辛苦且同学们扫完后，树叶又下落堆满地，极易导致班级扣分，影响班级荣誉。清晨同学们打扫完包干区后，保洁阿姨还要再次检查并打扫一次，以维护校园环境，也使得保洁阿姨的工作任务加重。2018 年 7 月 1 日，《广州市生活垃圾分类管理条例》开始实施。对于解决包干区问题，可以将垃圾分类融入到其中。

在本次项目中，我们的想法是设计一台道路清洁分类机器人。我们的道路清洁分类机器人主要运用在校道、公园及小区道路上，用于清扫地面的树叶、塑料瓶、易拉罐、纸团等。它可将清扫的垃圾进行分类收入箱子中，既减轻了学生和保洁阿姨的负担，也实现了垃圾分类。

四、工作原理

我们的道路清洁分类机器人以树莓派 4B 开发板作为主控板，运用 Python 编程让机器人工作；通过 OpenCV 视觉库实现沿道路黑色路线巡线前进；以超声波传感器实现避障功能；使用人工智能视觉套件——角蜂鸟实现垃圾分类功能；摄像头相当于机器人的眼睛，负责巡线前进及检测道路上的垃圾。

机器人启动后，通过机器下方的摄像头沿着黑色路线前进，机器人顶部的超声波传感器固定在舵机上，通过舵机的左右转动，实现检测左右前方物体的距离；当超声波传感器检测到物体靠近达到一定距离时，机器人停止运动；当超声波传感器检测到物体逐渐远离达到一定距离时，机器人继续巡线前进。

在垃圾分类方面，通过角蜂鸟的情景记录器训练自己的垃圾分类模型，以校道垃圾为例，训练的模型分为两大类：可回收垃圾（塑料瓶、纸团、易拉罐）和其他垃圾（树叶、尘土），其他垃圾再通过回收箱的滤网进行二次分类：树叶在滤网上方，尘土在滤网下方。

在垃圾回收方面，通过电动推杆制作一升降小电梯，电梯下方固定多条相隔一定间隙的长条橡皮筋，电梯前方通过舵机制作一转动推板。当摄像头检测到电梯下方有可回收垃圾（塑料瓶、纸团、易拉罐）时，机器人停止前进，电动推杆运动，电梯下降，将电梯下方的可回收垃圾卡进电梯内（通过橡皮筋的形变，且可回收垃圾很轻的特点），电动推杆反向运动，电梯上升到可回收垃圾的倾倒入口处，电梯前方的转动推板转动，将可回收垃圾扫入可回收垃圾箱内，完成回收工作。

在其他垃圾的回收方面，通过继电器控制吸尘器电机工作。当摄像头检测到电梯下方有树叶时，吸尘器工作，机器人继续前进，将树叶和尘土吸入其他垃圾回收箱内，回收箱的滤网再进行二次分类，树叶在滤网上方，尘土掉入滤网下方，完成回收工作。

机器人实物如图所示。

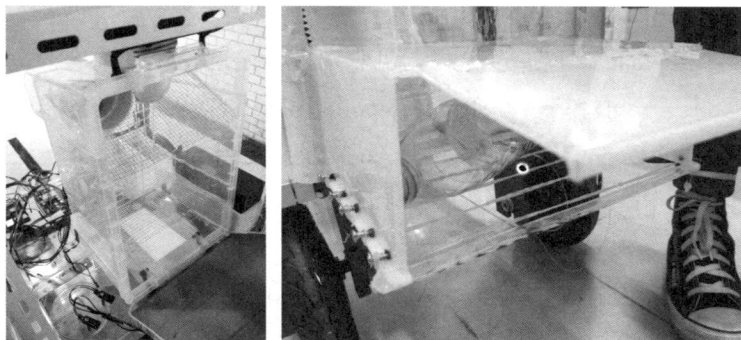

五、机器人的制作

1. 功能设计

鼓励学生通过上网搜索，确定制作的机器人需要具备的功能及查找需要用到的电子元件等。

2. 结构设计

根据用到的材料及功能，通过草图形式设计机器人的整体结构及内部结构；通过 SolidWorks 3D 建模软件（已学习基础操作的前提）设计要用到的电子元件支架；通过 CorelDraw 绘图软件（已学习基础操作的前提）绘制需要切割的图形。

3. 零部件及外壳组装

辅导学生学习使用电烙铁、电动螺丝刀、手电钻、迷你电动切割机、3D 打印机、激光雕刻机等工具，并辅导学生通过角铁、有机玻璃板、螺钉、螺母等组装机器人、安装设计要用到的电子元件及布线。

4. 程序编写

辅导学生运用 Python 编程通过轮毂电机驱动板，控制轮毂电机运动；辅导学生认识人工智能视觉套件——角蜂鸟，并通过 Python 编程训练自己的垃圾分类模型；辅导学生运用 Python 编程通过 OpenCV 视觉库实现巡线功能；辅导学生将每个模块的测试程序进行整合。

5. 调试及修改

鼓励学生自主调试机器，并做好调试记录，对出现的问题进行分析及思考，通过小组讨论及网络搜索等方式，寻找解决方案。在寻找解决方案的过程中，教师给予学生必要的纠正及帮助。

6. 演示成果

学生演示制作的道路清洁分类机器人，并介绍道路清洁分类机器人的工作原理、需要改进的地方及未来前景等。

六、活动评价

1. 创新点评价

评分标准：

创新点高（市场上没有）：3分；创新点较高（市场上有，比市场上的产品在功能或结构上有较大的改进）：2分；创新点低（市场上有，比市场上的产品在功能或结构上只做了一点的修改）：1分；没有创新点（跟市场上现有的产品功能一致，结构相似度高）：0分

评价人：_____   分数：_____

2. 制作完成度评价

评价次数	评价人	结构完成情况	功能完成情况	备　　注

七、活动总结

（1）通过学习，学生学会了运用 Python 编程，通过轮毂电机驱动板，控制轮毂电机运动；学习了通过角蜂鸟训练自己的垃圾分类模型；学习了通过 OpenCV 视觉库实现巡线功能；

（2）通过活动，学生们体验了亲自设计、组装及调试机器人，学会了自主寻找解决问题的方法。

发射卫星积木机器人的拼搭与调试

王　敏

一、学习目标

（1）了解有关积木机器人的机械结构；

（2）学习控制器和马达的组装方法；

（3）学习积木机器人手臂的搭建方法以及搭建技巧；

（4）学习利用 VJC 编程平台进行编程；

（5）学习调试积木机器人的方法。

二、材料及工具

（1）能力风暴机器人地图，积木零件、传感器、马达等拼装小车和手臂的设备，充电线，拼好的发射卫星架；

（2）发射卫星的微课、搭建零件手册；

（3）每人一张 A4 纸、笔，小篮子，奖品等。

三、问题提出

（1）完成发射卫星这个任务可以分成几个步骤？

（2）如何设计发射卫星的积木机器人手臂？

（3）你可以将积木机器人手臂和小车拼搭在一起吗？

（4）编写程序时需要注意什么？如何避免程序错误？

（5）在调试的过程中，影响小车完成任务的因素有哪些？

四、积木机器人的机械结构

（一）课前：学生通过阅读搭建手册了解积木机器人的机械结构

积木机器人是指结合了大量积木零件、丰富传感器和执行器、强大控制器的机器人套装，青少年可以用它构思并搭建自己专属的机器人，并通过编程使机器人完成各种任务。

机器人的机械结构：

1. 积木

积木就像机器人的身体一样，能力风暴的积木主要有 4 种造型：

（1）梁（beam）

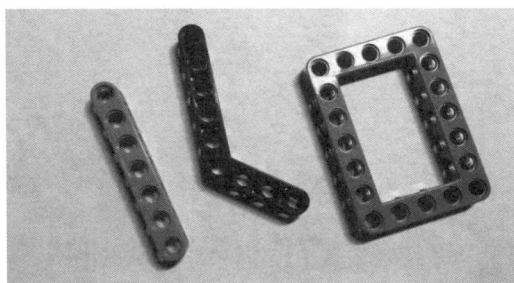

这种积木是机器人身体的主要组成部分，它的四面都是圆孔。但如果细细观察的话，它的圆孔还有所不同，其中两面的内孔是圆形，另外两面的内孔是正方形。

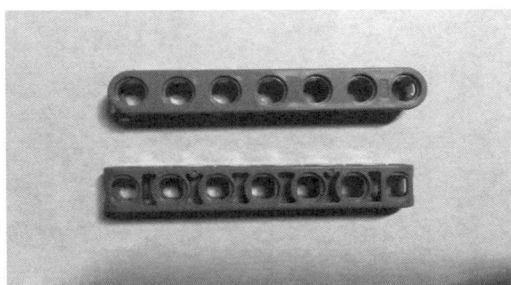

这种设计很有创意，插入同样的蓝色轴，在圆形内孔转起来会很自如，但是在方形内孔的话就没法转动；有时候我们需要插得紧，有时候我们需要插得松而可以转动。这就形成了积木拼搭的多样性。

←蓝色轴

（2）轴（axle）

这种积木是用来串联梁和其他积木的（如别的梁、轮胎等）。

（3）栓（pin）

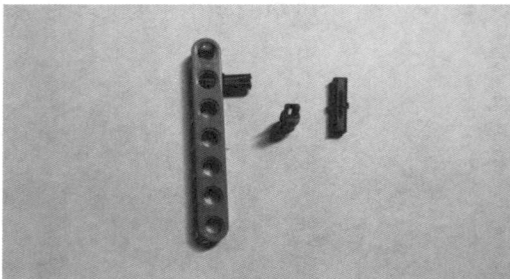

当需要将两个梁连在一起怎么办？这时候就需要栓这种积木了，它能把几个梁紧紧拼在一起，就像一个整体一样。

（4）齿轮（gear）

齿轮可以互相卡在一起，形成积木的联动。

2. 控制器

控制器就像机器人的心脏一样，所有机器人的各种部件最终都要和控制器连接在一起，由它来指挥机器人工作。

3. 马达

马达就是机器人的关节，机器人如果想走、想动都得有关节支撑着才行，因此马达就是能让机器人动起来的关键。

上面这张图就是一个机器人的马达，中间的小圈圈就是马达的输出部分，当我们将轮子连在这个圈子上，轮子就能转动起来了。

4. 传感器

传感器就像机器人的感官一样，机器人的触觉、听觉、视觉等都是通过传感器来进行的。有些传感器会内置在控制器里面，而更多的传感器是单独放在外面。

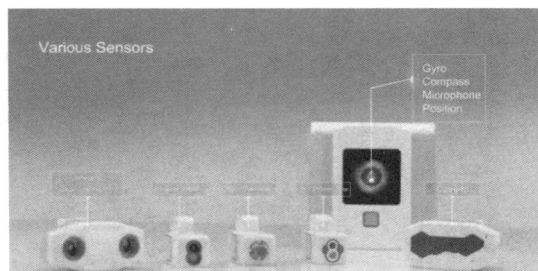

比如有摄像头的传感器，能帮机器人看到眼前的图像，这就是机器人的视觉；有触碰的传感器，当机器人碰到别的物体的时候，它能作出反应，这就是机器人的触觉；有位置的传感器，能帮助机器人知道自己移动的位置、距离、速度等。

因此当机器人装配了越多的传感器，它的功能也会越来越强大！

（二）教师讲解机器人主要的机械结构

搭建不同任务的机器人机械结构是类似的。

五、机器人手臂的制作

1. 设计机器人手臂

观看积木机器人比赛中发射卫星任务的视频，观察机器人完成任务过程中使用的手臂，参照视频的手臂来进行搭建。

老师鼓励学生创新，提供 A4 白纸和笔，学生根据自己的想法在纸上画出手臂的样式，用文字表述出来或者口述，用笔记录使用的积木、传感器和马达的名称和数量，找出需要搭建手臂的材料。

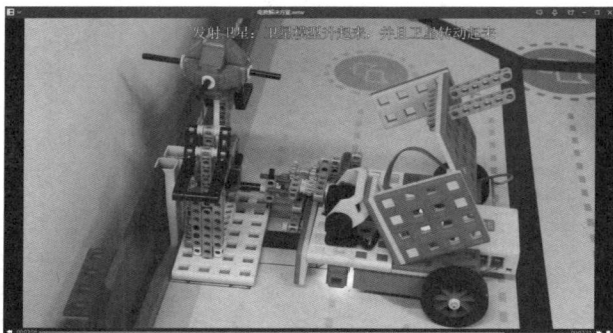

2. 搭建机器人手臂

（1）根据自己的设计搭建机器人的手臂

学生根据自己的设计搭建手臂，并把手臂安装在机器人小车上，老师走下讲台巡回观察，注意查看传感器接线位置是否正确，手臂是否能完成发射卫星的任务。

（2）相互交流

在规定的时间内搭建好机器人手臂后，学生可以与周围的同学相互交流，看看自己所制作的机器人手臂与其他人所设计的机器人手臂有什么不同。

（3）展示作品

老师挑选较好的机器人手臂展示给同学们看，并让同学们指出这些机器人手臂好在哪儿。

（4）介绍搭建手臂方案

老师介绍一些常用的搭建机器人手臂的方法，并提供两种认为较好的设计方案，可供其他没有搭建机器人手臂的同学选择模仿。

六、认识 VJC 编程环境

（一）自主探索 VJC 编程界面的功能，了解不同程序下载的功能按钮

1. VJC 界面介绍

左侧为模块库，中间是程序编辑窗口，右侧为 JC 代码栏。

2. 编写流程图

（1）模块连接上后有箭头连接起来，上方模块的红点消失，JC 代码显示区自动生成与新增模块对应的 JC 代码。

（2）如何在程序中间插入一个新的模块，将新插入模块下的部分挪到旁边，插入新模块后再连接回去。

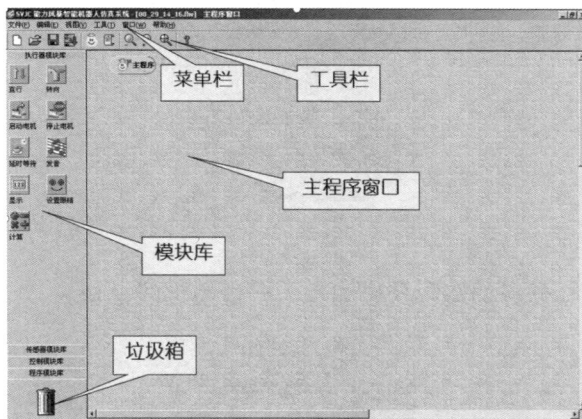

3. 新建、保存、打开和下载程序

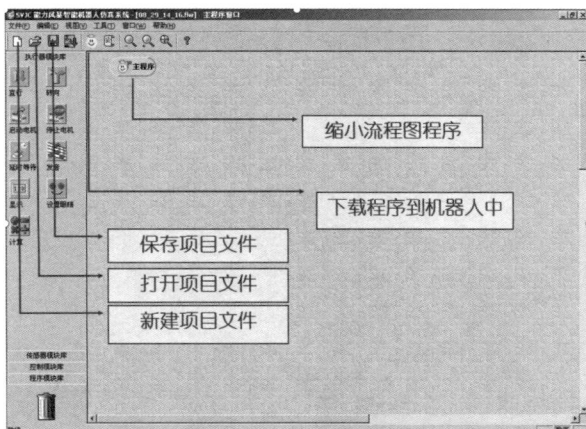

（二）老师介绍常规编程的步骤

1. 环境采集

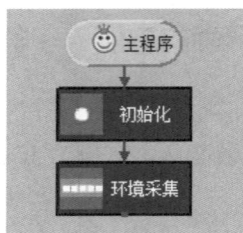

2. 开始编写程序，添加发音

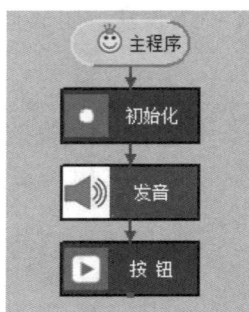

3. 起始路口到目标任务的路程代码编写，一般用巡线模块

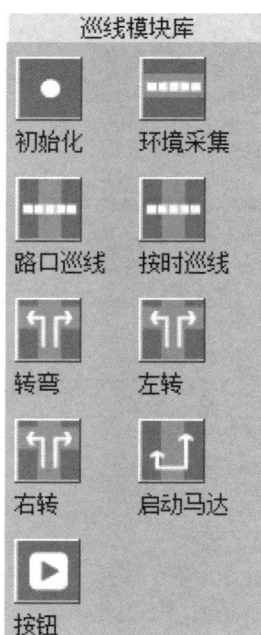

4. 执行任务一般常用到执行器模块和巡线模块相结合

七、编程与调试发射卫星项目

1. 发射卫星环境检测

把环境检测的程序代码导入机器人小车中，把机器人小车拿到场地上检测现场环境的光线和灰尘。

2. 编写发射卫星的编程代码

编写代码的过程中需要进行备注，例如下图，起到提醒该模块的作用，以便后续快速地对易出错的编程模块进行修改。

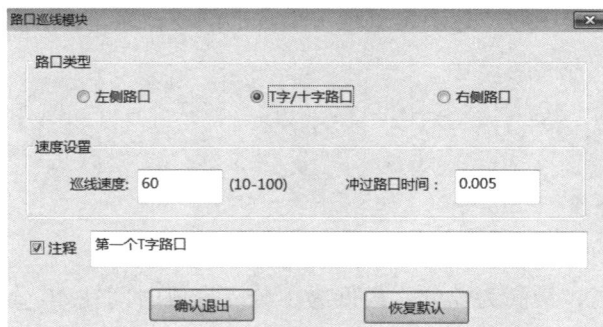

3. 调试发射卫星的程序

先把发射卫星的行走路径和完成任务的动作进行分解，每个动作都需要在老师的引导下，学生一步步地进行图形化编程和调试。直到学生能够熟练地判断程序出错的原因并及时调整，老师便可以让学生自行调试和优化程序。

4. 优化发射卫星的程序并整理问题

（1）调试程序后提出一些问题

① 什么因素会影响机器人在巡线过程中偏离原本路线？

② 为什么成功调试完程序后再运行还是会出错？如何调整？

③ 提高调试程序效率的方法有哪些？

④ 机器人小车的舵机连接在哪个接口？在编程的过程中使用舵机应该注意什么？

（2）发射卫星程序的调整

老师对调试好的机器人进行一些必要的调整，比如说，将把巡线过程中的右转用启动马达来代替，减少了光线带来的误差等。

（3）记录好发射卫星机器人的调整过程

在编写和调试完程序后，把调试过程中出现的问题记录下来，并把修正错误的整个过程记录下来。

八、活动评价

1. 机器人手臂评价

评分标准：

难度越高分越高，最高为 5 分，最低为 1 分。完成时间在 40 分钟内加 2 分，在 40

分钟到 50 分钟内加 1 分。

$$总分 = 难度 + 时间$$

如果没有最终没有完成手臂设计的工作，则总分为 0 分。

评价人：_____　　　　　分数：_____

难度等级	完成得分
1 星	1
2 星	3
3 星	5

完成时间	加　分
30min−40min	2 分
40min−50min	1 分
50min−60min	0 分

2. 机器人调试的记录与评价

评价次数	评价人	结构完成情况	功能完成情况	备　注

九、活动总结

（1）通过学习，了解了积木机器人的机械结构。

（2）同学们记录了调试中的问题，锻炼了反思和写作能力。

（3）评选出发射卫星机器人手臂的设计范本。

（4）评选出发射卫星机器人手臂搭建范本。

（5）评选出在积木机器人比赛中最快完成任务的同学。

（6）评选出在积木机器人比赛中完成任务难度最高的机器人。

智能家居的设计与制作
——以会报警的建筑模型为例

刘 佳

一、学习目标

（1）了解传感器和报警装置的原理；

（2）学习简易报警装置和建筑模型的制作方法；

（3）学习绘制平面设计图；

（4）学习简单的编程语言，训练逻辑思维；

（5）学习科技文章的撰写方法。

二、材料及工具

（1）建筑外壳：轻质木板、模型木棍、5 mm 雪弗板，模型贴纸，白乳胶、木锯、砂纸、刻刀、刻度尺、颜料、水粉刷，胶枪、激光切割雕刻机等。

（2）报警系统：电源，Arduino Nano 板和扩展槽各 1 块，人体红外传感器 1 个、蜂鸣器 1 个、触摸传感器 1 个、RGB 彩灯 1 个，杜邦线若干。

三、问题提出

（1）传感器的原理是什么？

（2）要同时实现声光报警，需要哪些传感器和电子元件？

（3）从硬件上就能实现声光报警吗？如果不能，请画出编程逻辑流程图。

（4）你能写出建筑模型制作的分析报告吗？（包括材料、制作比例、步骤、小组成员及分工、制作进度、三视图、制作过程照片、创新点说明与实现方案、成果展示）

四、传感器原理

（一）通过网络查找弄清传感器的原理

现代技术中，传感器是指这样一类元件：它能感受到诸如力、温度、光、声、红外线、化学成分等物理量，并能把它们按照一定规律转换为便于传送和处理的另一个物理量或转化为电路的通断。

1. TTP223 触摸传感器

该模块是一个基于触摸检测 IC（TTP223）的电容式点动型触摸开关模块。常态下，模块输出低电平，模式为低功耗模式；当用手指触摸相应位置时，模块会输出高电平，模式切换为快速模式；当持续 12s 没有触摸时，模式又切换为低功耗模式。可以将模块安装在非金属材料如塑料、玻璃的表面，另外将薄薄的纸片（非金属）覆盖在模块的表面，只要触摸的位置正确，即可做成隐藏在墙壁、桌面等地方的按键。管脚信号说明：VCC 外接直流 2 ~ 5.5 V，GND 接地，SIG 为数字信号输出脚。

2. 热释电红外线传感器

热释电红外传感器是一种能检测人或动物身体发射的红外线而输出电信号的传感器。热释电传感器是对温度敏感的传感器。它由陶瓷氧化物或压电晶体元件组成，在元件两个表面做成电极，在传感器监测范围内温度有 ΔT 的变化时，热释电效应会在两个电极上会产生电荷 ΔQ，即在两电极之间产生一微弱的电压 ΔV。由于它的输出阻抗极高，在传感器中有一个场效应管进行阻抗变换。热释电效应所产生的电荷 ΔQ 会被空气中的离子所结合而消失，即当环境温度稳定不变时，ΔT=0，则传感器无输出。当人体进入检测区，因人体温度与环境温度有差别，产生 ΔT，则有 ΔT 输出；若人体进入检测区后不动，则温度没有变化，传感器也没有输出了。所以这种传感器检测人体或者动物的活动传感。输出接口为三线系统即 GND、OUT、VCC，按照示意图连接好。当给模块加上电后，有人或动物在模块 7 米范围内活动，OUT 即可输出高电平触发被控单元。无信号时 OUT 输出低电平（0.4 V 左右）。

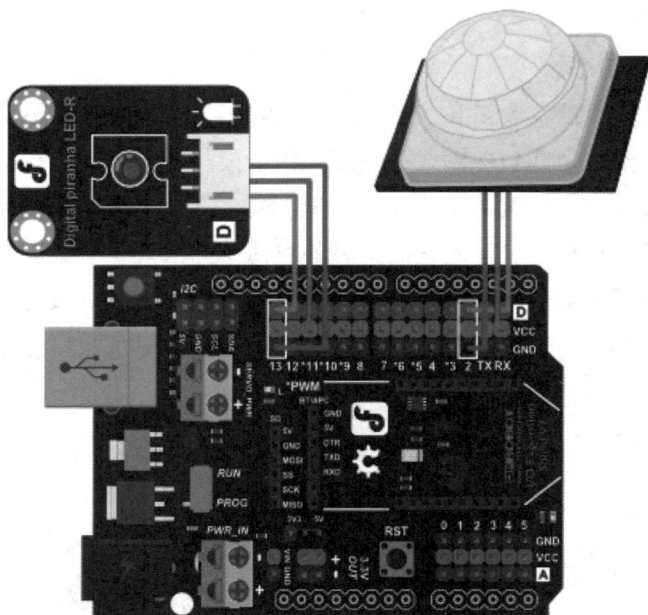

3. 思考

通电后，当有人靠近建筑模型时，灯变幻闪亮；当有人触碰建筑模型时，发出声音报警。

（二）连接方式

Arduino Nano 板的使用需要一定的基础，需加载程序，此处需教学生简单的编程。（见附录）

五、建筑模型的制作

1. 模型设计

上网查找建筑模型立体图，在纸上画出对应的三视图，将整个模型分解成几个部分并列举每一个部分所需的材料。初中数学学过三视图，但是主要是针对规则的几何图形，对不规则的几何图形的三视图不够熟悉，可以鼓励同学们上网搜索，按照一定的比例尺画出该建筑模型的三视图。每一部分的材料可上网购买，或者废物利用。整个过程也就完成了模型设计。

2. 制作建筑模型

（1）根据自己的设计制作建筑模型

老师指导学生购买模型制作所需材料，学校建筑模型室提供勾刀、手锯、刻刀、砂纸、刻度尺等制作工具，教师示范使用木锯、刻刀等危险工具，强调安全。对于一些精确度较高的模型板块，在教师的帮助下可以使用激光雕刻机。从设计到制作完成计划一个月的时间，其中包含四节通用技术课的时间。

（2）创新设计的实现

创客社团的同学在老师的指导下编程，购买电子元件，进行线路连接并调试。

（3）作品交流与展示

在本学期最后一节课进行建筑模型评比，由小组长介绍本组的制作流程和创新点，并展示项目书。各小组之间也可以相互交流、相互学习，在评比后加以改进。

六、优秀作品教学过程示范

教学环节	目标任务	教师活动	学生活动	设计意图／任务难度
任务发布	根据课程安排，以4～8人小组或个人为单位制作建筑模型并写项目书课时安排：4节课	以某一个建筑模型图为例，进行讲解，说明所选材料，并展示三视图，说明比例换算要求、模型尺寸等。鼓励学生利用现代科学技术进行创新	各小组分配任务，分工合作。通过查阅网上资料，共同讨论大致确定要制作的建筑模型并确定创新点	确定建筑模型样式和创新点／难度适中
科学探索	选择荷兰风车建筑模型，进行模型设计，分为建筑主体设计、风车设计、外观设计、创意功能设计	由小组组长给每一名学生分配设计任务，当设计任务完成后，组织学生展示绘制的草图，引导学生思考及发现问题。通过讨论及总结，最终确定荷兰风车立体图，以及要实现的家居功能	根据分配的任务，小组每一名学生进行自主研究，通过各自的研究成果进行总结，确定该建筑模型需要具备的家居功能和需要用到的器材和工具；确定比例尺、绘制三视图	确定建筑模型的整体结构和功能／难度适中

续表

教学环节	目标任务	教师活动	学生活动	设计意图/任务难度
工程设计	根据三视图，用 CorelDRAW X4 SP2 软件和激光切割雕刻机将轻质木板按比例尺以及形状进行切割，并用白乳胶将各个板块粘合、组装，最后根据个人喜好用颜料美化模型。Arduino 程序编写，Arduino 电路板的使用，L298N 型电机驱动板的使用，人体红外线传感器、蜂鸣传感器、触摸传感等元件的连接	示范使用木锯、刻刀等危险工具，强调安全。Arduino 程序编写、Arduino 电路板的使用及 L298N 型电机驱动板的使用，人体红外线传感器、蜂鸣传感器、触摸传感等元件的连接等，在技术上给予学生指导和帮助，并帮助学生解决临时出现的问题	根据三视图按比例尺切割雪弗板和轻质木板，用白乳胶粘合各个部分，并用颜料美化。根据智能家居需要研发的功能进行电路设计；将买回来的电子元件、Arduino 电路板、L298N 型电机驱动板的使用，人体红外线传感器、蜂鸣传感器、触摸传感等元件安装在建筑模型内部并进行电路连接。通过编写程序与 Arduino 连接	建筑模型制作，以及智能家居报警功能实现/难度较大
技术实验	测试、修改及完善研发的智能家居建筑模型	组织学生测试完善并测试建筑模型及配套的报警装置，根据测试结果，组织学生进行讨论分析和总结，指导学生完成智能家居建筑模型项目书	在老师的指导下，完善建筑模型并测试报警装置；通过测试结果进行讨论分析、修改，直至实现功能，最后进行总结完成智能家居建筑模型项目书	测试并完善智能家居建筑模型，完成项目书/难度偏大

　　建筑模型的设计与制作耗时较长，对于一些功能的实现需要使用电子元件并编程，建议学校组建建筑模型社，吸引有兴趣的学生参加，学习使用传感器和简单的编程语言。

七、活动评价

1. 评价标准

考核内容	评分标准	分　值
比例精确：考核学生能否精确缩放比例，并绘制建筑三视图	① 比例正确 ② 三视图设计合理、作图规范	20
精细程度：考核学生板块切割、板块拼接的能力	① 板块切割精细 ② 板块拼接精细	30
视觉效果：考核学生各种材质的模仿能力和细部装饰的能力	① 模型表面及细部装饰美观	20
创意设计：考核学生对模型功能、构造的创新能力	① 结构设计新颖 ② 与现代技术相结合，体现智能家居	30

2. 评价得分

	比例精确 （20分）	精确程度 （30分）	视觉效果 （20分）	创意设计 （30分）	得　分	评价人
学生自评						
学生互评						
教师评价						
最终得分 = 自评得分 ×20%+ 互评得分 ×30%+ 师评得分 ×50%						

八、活动总结

（1）通过学习，了解了传感器的原理以及建筑模型的设计方法与制作流程；

（2）通过绘制三视图，锻炼了同学们的绘图能力；切割、制作建筑模型，锻炼了同学们的动手能力；

（3）评选出建筑模型设计范本；

（4）评选出建筑模型制作范本；

（5）评选出建筑模型评比中综合最优的作品；

（6）评选出建筑模型评比中最具创意的作品。

九、作品展示

十、附录

1. Arduino 程序编写

/* 触摸传感器：2，人体红外传感器：3，蜂鸣器：4，电机：5，6，RGB 灯：R：8，G：9，B：10

功能：通电后控制风车的电机开始转动，当有人靠近装置时，灯变幻闪亮；当有人触碰建筑时，发出声音报警。

```
*/
int touch;
int ray;
int sound=4;
int T1=5;
int T2=6;
int Rled=8;
int Gled=9;
int Bled=10;
void setup()
{
  pinMode(A1, INPUT);
  pinMode(A2, INPUT);
  for(int i=4;i<=10;i++)
  pinMode(i, OUTPUT);
  Serial.begin(9600);
}
void loop()
{
  digitalWrite(Rled,LOW);
  digitalWrite(Gled,LOW);
  digitalWrite(Bled,LOW);
```

```
    analogWrite(T1,150);                    delay(200);
    digitalWrite(T2,LOW);               }
    ray=digitalRead(A1);                if (touch==1)
    touch=digitalRead(A2);              {
    Serial.print("touch");              for(int i=200;i<=500;i++)
    Serial.println(touch);             {
    Serial.print("ray");                  tone(sound,i);
    Serial.println(ray);                  delay(5);
    delay(200);                        }
    if (ray==1)                        delay(1000);
{                                      for(int i=500;i>=200;i——)
    digitalWrite(Gled,LOW);            {
    digitalWrite(Rled,HIGH);              tone(sound,i);
    delay(200);                           delay(10);
    digitalWrite(Rled,LOW);            }
    digitalWrite(Gled,HIGH);           noTone(sound);
    delay(200);                        }
    digitalWrite(Gled,LOW);         }
    digitalWrite(Bled,HIGH);
```

无动力纸飞机的制作与飞行

袁 杰

一、学习目标

（1）了解有关纸飞机飞行的原理；

（2）探究纸飞机直线飞行最远距离的折叠方法及飞行技巧；

（3）学习绘制简单的工程图；

（4）学习科技制作文章的撰写方法。

二、材料及工具

（1）A4 纸每人 4 张，尺子、回形针、剪刀、胶带，以及其他对制作纸飞机有帮助的材料、秒表或其他计时器；

（2）折好的飞机模型、纸飞机图纸；

（3）奖品等。

三、问题提出

（1）飞机飞行的原理是什么？

（2）如何利用最常见的纸制作一架最简单的飞机？

（3）你能设计制作飞机的图纸吗？

（4）给你一张 A4 纸，你能制作出飞机吗？

（5）飞机飞行的远近与哪些因素有关？如何让飞机飞行得更远？

四、飞机飞行的原理

1. 布置任务：上网查找弄清飞机飞行的原理

飞机是指具有一具或多具发动机的动力装置产生前进的推力或拉力，由机身的固定机翼产生升力，在大气层内飞行的重于空气的航空器。

飞行原理：

（1）根据伯努利原理，流体（包括气流和水流）的流速越大，其压强越小；流速越小，其压强越大。

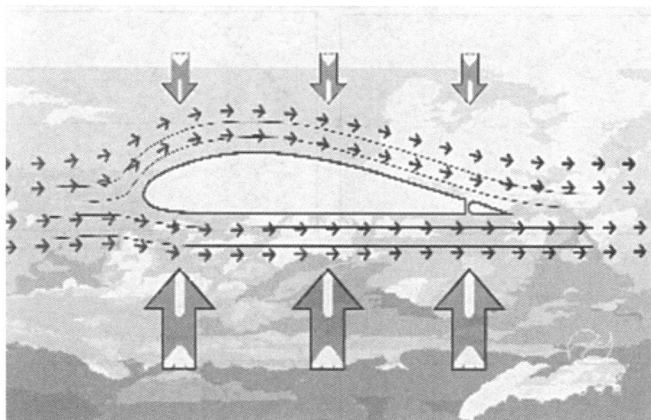

（2）飞机的机翼做成的形状就可以使通过它机翼下方的流速低于上方的流速，从而产生了机翼上、下方的压强差（即下方的压强大于上方的压强），因此就有了一个升力，这个压强差（或者说是升力的大小）与飞机的前进速度有关。

（3）当飞机前进的速度越大，这个压强差，即升力也就越大。所以飞机起飞时必须高速前行，这样就可以让飞机升上天空；当飞机需要下降时，它只要减小前行的速度，其升力自然会变小，小于飞机的重量，它就会下降着陆了。

（4）真正的飞机是怎麽飞翔的呢？真正的飞机飞行受到重力、升力、推力、阻力四种力的作用。重力是由地球的吸引而产生的，竖直向下；推力是指飞机涡轮所产生的气流推力；阻力是指飞机在飞行过程中受到的与飞机飞行方向相反的阻碍飞机飞行的力。所以，当飞飞机涡轮所产生的气流推力及升力大于或重力与阻力时，飞机就在天空中飞翔了。

2. 教师讲解相关的原理

纸折飞机的基本飞行原理与其他飞机是相同的。

五、纸飞机的制作

1. 设计飞机

在纸上设计学生想制作的飞机。这个过程要基于学生已有知识，有的学生在小学时上过制作课，知道一些制作飞机的方法；而有些学校没有开展科学课，或者学生在初中也没有进行过相关的科技活动，对制作纸飞机一无所知。但这也没有问题，可以鼓励同学们上网搜索，了解一些纸飞机的制作方法，或者把这些折叠的方法画出来，或者用文字表述出来。这实际就是一个设计飞机的过程。

例如，最简单的飞机折叠的过程图如下：

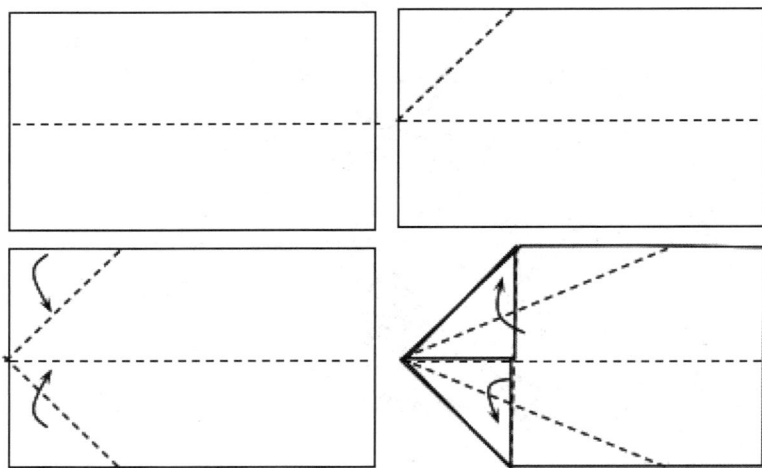

同学们可以根据已有的经验来绘图，也可以自己先想一种方法，再绘制成上图的形式。

2. 制作纸飞机

（1）根据自己的设计制作一架飞机

老师提供 A4 白纸和剪刀，学生根据自己的设计制作一架纸飞机。老师走下讲台巡回观察。

（2）相互交流

在规定的时间内折叠好纸飞机后，学生可以与周围的同学相互交流，看看自己所折的纸飞机与其他人所折的纸飞机有什么不同。

（3）展示作品

老师挑选较好的纸飞机展示给同学们看，并让同学们指出这些飞机好在哪儿。

（4）介绍折叠方案

老师介绍一些常用的折叠方法，并提供两种认为较好的设计方案，可供其他没有折好飞机的同学选择模仿。

六、试飞与调整纸飞机

1. 纸飞机试飞

纸飞机做好后，让同学们到室外试飞，看看自己所折的飞机能够飞行多远。

2. 纸飞机的改进

通过试飞，对飞机距离较近的飞机进行必要的改良，让它们飞行得更远。

3. 展示并演示

老师拿出事先做好的飞机，展示给同学们看，并做飞行示范。示范可以由学生来完成。

4. 调整飞机

（1）试飞后提出一些问题

① 为什么你的飞机总是机头朝下坠地？

② 为什么你的飞机不是沿直线飞行？如何调整？

③ 你觉得真正的飞机有垂直尾翼和水平尾翼的原因是什么？

④ 飞机的升降舵在哪儿？在飞行的过程中哪些地方用到升降舵？

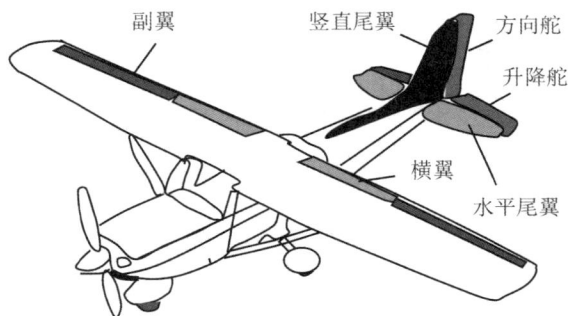

（2）飞机的调整

老师对折叠好的飞机进行一些必要的调整。比如说，将机翼尾部往上翘或往下翘，在某一边加一个别针等。

（3）记录好飞机的调整过程

在制作好自己的飞机后，把试飞过程中出现的问题记录下来，并把调节飞机尾翼的整个过程记录下来。

七、重折纸飞机

1. 重写飞机的折叠方案

先把上一节课中出现的问题或调节方法仔细看一遍，如果觉得有必要，可以再修改一次。

2. 重新折叠纸飞机

重新拿一张新纸，让学生再一次折叠，看是否能够克服前面一架飞机中出现的问题。

3. 纸飞机的飞行与评价

（1）所有的同学尽可能将飞机水平掷出，飞机离开手时，距离地面的高度也基本相同，用皮尺测量出飞机飞行的水平距离。

（2）同一个人，两次用不同的速度将飞机掷出，使其飞行，记录好飞机飞行的距离。

（3）用秒表测量出飞机飞行的时间。

（4）多次飞行，让同学们拿出自己的最好成绩来。

八、活动评价

1. 相似度评价

评分标准：

一点也不像，得 0 分；不是很像，得 1 分；基本像，得 2 分；一模一样得 3 分。

评价人：_____ 分数：_____

2. 飞机飞行的记录与评价

评价次数	评价人	水平距离（单位：m）	竖直高度（单位：m）	备 注

九、活动总结

（1）通过学习，了解了飞机的飞行原理。

（2）通过记录折叠方法，锻炼了学生们的写作能力。

（3）评选出纸飞机设计范本。

（4）评选出纸飞机制作范本。

（5）评选出纸飞机比赛中直线距离最长的作品。

（6）评选出纸飞机比赛中留空时间最长的作品。

纸质弹射滑翔机的制作与飞行

袁 杰

一、学习目标

（1）了解飞机飞行的原理；

（2）学会制作纸质弹射滑翔机；

（3）知道通过调整机翼来改变纸质弹射滑翔机留空时间；

（4）了解纸质弹射滑翔机的竞赛方法。

二、材料及工具

方案一：薄桐木板（用以制作机翼 11 cm × 5.5 cm 两块、尾翼 55 cm × 4 cm 两块、垂直翼 4 cm × 3 cm 一块、机身 27 cm × 5.5 cm 一长条；机翼、机身厚度均为 0.25 cm，尾翼、垂直翼厚度均为 0.1 cm 薄的桐木片），胶水，美工刀，尺子，铅笔，砂纸一张，橡皮筋 50 cm 一条，大头针一个，牙签两支。

方案二：模型的材料为魔术板，翼展尺寸 190 mm（±5 mm），机长 250 mm（±5 mm），机高 81 mm（±5 mm），起飞重量 ≤ 10 克；橡皮筋，铅笔，卡纸，订书机，尺子，剪刀。

三、问题提出

（1）你知道飞机的飞行原理吗？

（2）在滑翔机的制作过程中要注意什么问题？

（3）滑翔机留空时间不够长，如何调整？

（4）在调整滑翔机的过程中，能通过贴纸或挂件来增加滑翔机的留空时间吗？

（5）滑翔机的两边是否一定要对称？

四、弹射滑翔机飞行的原理

1. 布置任务：上网查阅滑翔机的飞行原理

由老师布置学生在网上查阅滑翔机的飞行原理，并相互交流，以弄清飞机飞行的原理。

2. 滑翔机的飞行原理

滑翔机的飞行原理与纸飞机的飞行原理基本相同。不同点主要是起飞的方法：纸飞机是靠人用力向前掷获得速度的，滑翔机的起飞是靠别的飞机牵引或弹射获得速度的。在飞行中，飞机是靠发动机前进，而滑翔机则是靠重力，或靠上升气流来滑翔。飞机的飞行原理是产生升力；当滑翔机上、下两部分气体的压强不同时，就可以产生升力。

五、纸质弹射滑翔机的制作

1. 设计飞机

布置学生查阅网上资料，设计飞机。以《少年月刊》2003 年第 23 期陈长青介绍的"橡皮筋弹射模型滑翔机"制作为例。

先画出设计图纸如下：

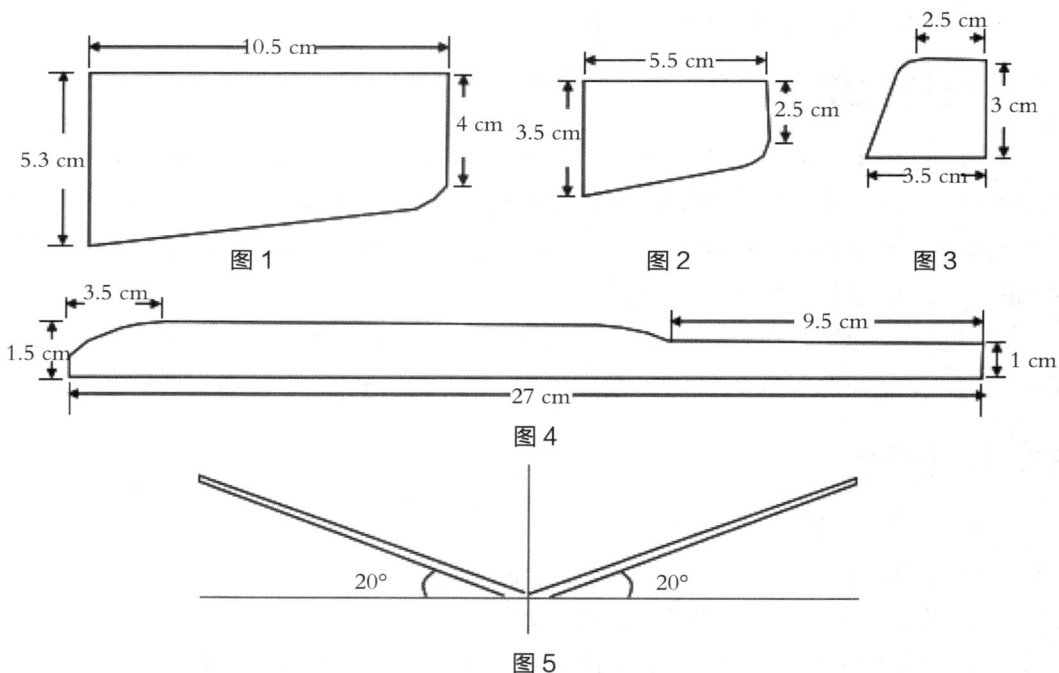

图1　图2　图3

图4

图5

2. 制作弹射滑翔机

（1）先按图1—4的尺寸在薄桐木板上用铅笔和尺子画出机身、机翼、尾翼、垂直翼，然后用刀细心地一一划下来。

（2）下好料后，从机翼正向向四周慢慢打磨，从侧面看机翼厚度前面的倾斜度略大于后面，机身、尾翼、垂直翼稍打磨一下即可。

滑翔机的制作，也可以利用2019年全国航空模型公开赛暨纸飞机嘉年华"放飞梦想"全国青少年纸飞机通讯赛竞赛规程中指定的纸质弹射滑翔机模型制作。

六、试飞与调整滑翔机

1. 滑翔机试飞

滑翔机做好后，让同学们到室外试飞，看看自己制作的滑翔机能够飞行多远、留空时间有多长。

2. 滑翔机的改进

通过试飞，对飞机留空时间较短的滑翔机进行必要的改良，让它们飞行得更久。

3. 展示并演示

老师拿出事先做好的滑翔机展示给同学们看，并做飞行示范。示范可以由学生来完成。

4. 调整飞机

（1）滑翔机试飞后提出一些问题

① 为什么你的飞机的距离很短？

② 为什么你的飞机留空时间不长？

③ 能通过增加或减小飞机的配重来调整飞行的飞行时间或飞行距离吗？

（2）滑翔机的调整

滑翔机平衡的调整：若在试飞滑翔中出现的头重或头轻现象，用增减机头配重的方法进行粗略调整。如果模型飞机下滑角较大（由飞机"头重"造成），应在机头里减少配重；如果模型飞机出现波状飞行（由飞机"头轻"造成），应在机头里适当增加配重。如此反复调整，使模型飞机基本达到俯仰平衡。

滑翔机留空时间的调整：如果模型重心位置在设计范围之内，可继续采用减少配重方法对模型进行调整，方法与要求基本同上。所不同的是，要用秒表测定模型每次试飞的留空时间。由于机头配重的减少，模型滑行的距离会缩短一些，下滑角会增大一些。但是，由于滑翔速度明显变小，模型留空的时间反而增加。当模型因为再减少一点机头配重而出现轻微波状飞行时，表明这架模型的下沉速度已经达到最小。

若飞机采用比赛指定的滑翔飞机，可以通过在机头加一较轻的回形针或大头针实现改变飞机重力的目标，也可通过调整尾翼来调整滑翔机，从而使滑翔机的留空时间更长。

七、论文撰写

布置学生将整个设计、制作过程用文字表述出来，尝试撰写科技论文。

八、活动评价

滑翔机飞行的记录与评价

评价次数	评价人	水平距离（单位：m）	留空时间（单位：s）	备　注

九、活动总结

（1）通过学习，了解滑翔的飞行原理。

（2）通过记录滑翔机的制作过程，锻炼了学生们撰写科技文章的能力。

（3）评选出滑翔机比赛中直线距离最长的作品。

（4）评选出滑翔机比赛中留空时间最长的作品。

"天鸥"橡筋动力直升机的制作与飞行

刘结平

一、学习目标

（1）了解橡筋动力直升机的构造和飞行原理；

（2）能够制作一架橡筋动力直升机，并探究让模型飞机飞得更久的方法；

（3）能够准确测量橡筋动力直升机的留空时间；

（4）能够选择安全的环境进行放飞活动；

（5）学会主动与他人合作，乐于参加探究活动，并善于从不同角度思考问题，追求创新。

二、材料与工具

"天鸥"橡筋动力，直升机套件，剪刀、透明胶等。

三、问题提出

（1）橡筋动力直升机飞行的原理是什么？

（2）如何制作橡筋动力直升机？

（3）橡筋动力直升机飞行的留空时间与哪些因素有关？如何让橡筋动力直升机留空时间更久？

四、橡筋动力直升机飞行的原理

1. 直升机飞起来的原理

从图1可知，直升机依靠螺旋桨上升。那么，为什么螺旋桨能让飞机飞起来呢？结合图2我们可以知道，螺旋桨旋转时，桨叶不断把大量空气向后推去，在桨叶上产生向前的力，即推进力。

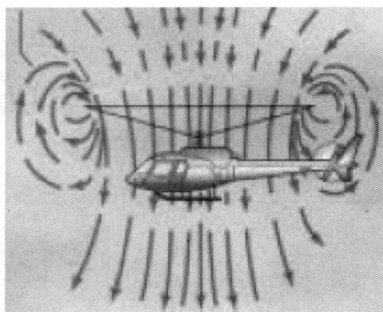

图 1 　　　　　　　　　　　　图 2

2. 螺旋桨的转动

直升机是靠燃油产生热气推动发动机转动，带动螺旋桨的旋转，从而产生升力。

3. 讨论交流

橡筋具有弹性，当我们把橡筋转动起来后，改变了橡筋的形状，当我们松开手时，橡筋在恢复原形时产生了弹力，从而带动螺旋桨转动。所以我们把这样的模型飞机称为橡筋动力飞机（如图 3）。

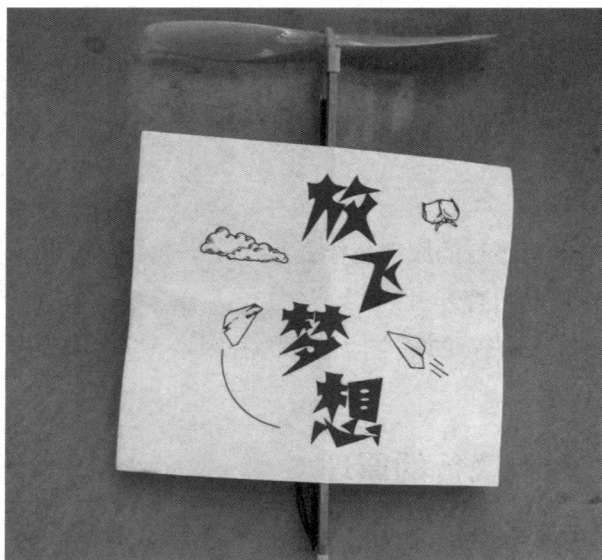

图 3

4. 揭示课题

制作橡筋动力直升机。

五、"天鸥"橡筋动力直升机的安装步骤

1. 安装尾钩（如图4）和螺旋桨（如图5）

图4

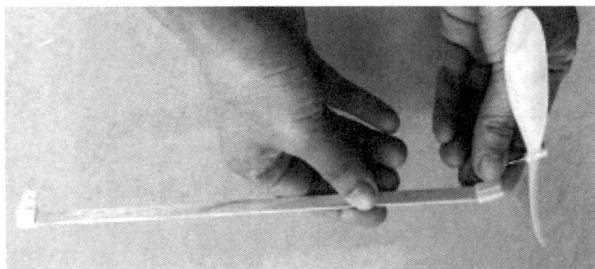

图5

2. 安装橡筋

将橡筋打结，绕两圈套在钩子上，打结处套在尾钩上（如图6），想想为什么。

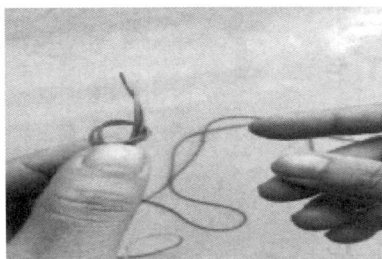

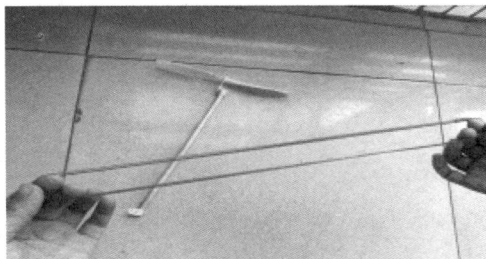

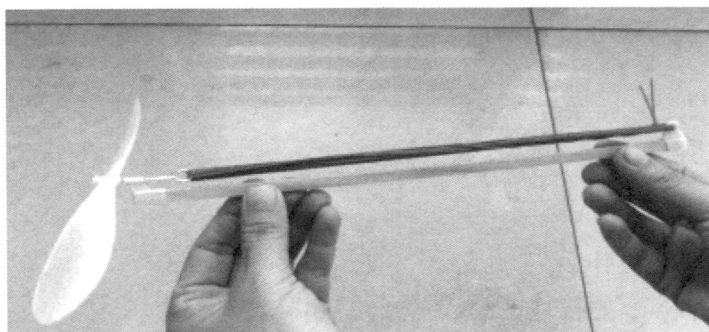

图6

注意事项：安装橡筋前先用清水反复将橡筋清洗干净，然后用纸巾将橡筋擦干，接着再用油脂的物质（如花生油、润肤霜等）涂抹在橡筋上（注意不要太多）。这样做的目的是减小橡筋之间的摩擦。

3. 粘贴机翼挡板

可以对机翼挡板的形状和大小进行改装和涂鸦。（如图7）

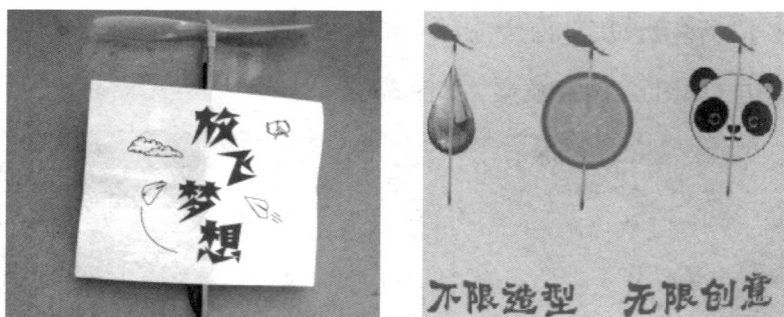

图 7

4. 组织调试

面对飞机顺时针转动螺旋桨，绕 50 ~ 80 圈，将飞机举高过头顶，垂直向上放飞。（如图 8）

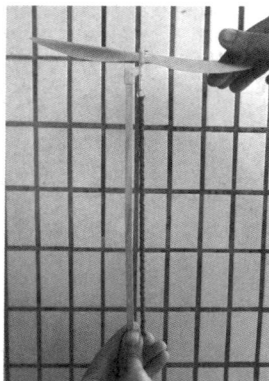

图 8

六、活动探究

1. 引出问题

飞机性能的好坏看什么？

结论：飞行高度、飞行时间等。

2. 思考讨论

怎样才能让飞机飞得更高、更久呢？

橡筋能否无限地绕下去呢？为什么？如何判断橡筋是否绕到了极限呢？放飞场地有什么要求？飞行高度难以测量怎么办？

3. 指导测量模型留空时间

（1）引出留空时间的概念：模型飞机留在空中的时间。

（2）测量方法：模型离手开始计时，模型落地结束计时。

（3）练习测量留空时间。

4. 探究活动

探究橡筋圈数与模型留空时间的关系。

（1）预测。

（2）实验：先测量橡筋绕 50 圈和 100 圈时的留空时间，再测量接近橡筋极限圈数时的留空时间。填写活动记录单。（活动在室外空旷场地进行）

"制作橡筋动力直升机"活动记录单
（探究橡筋圈数与模型直升机留空时间关系）

橡筋绕的圈数	放飞留空时间	我的发现
50		
100		橡筋圈数越（ ），模型直升机的留空时间越（ ）

（3）汇报交流。

师：你从所填数据中发现了什么？

生：绕的圈数越多，飞行时间越长（在不损坏橡筋的前提下）。

师：比较不同组实验数据，发现了什么？橡筋圈数相同，为什么飞行时间不一样呢？

结论：受到计时员、风力、环境、飞机自身的材质、制作的好坏等因素影响。

七、活动总结

（1）通过学习，了解了直升机的飞行原理。

（2）通过自身的探究活动，锻炼了学生的动手能力，并从不同角度思考问题，追求创新。

（3）思考：除了增加橡筋圈数，还有什么办法增加飞机的留空时间呢？出示图片 9，让学生观察飞机下落的姿态，鼓励学生课后继续探究让飞机在空中飞得更久的方法。

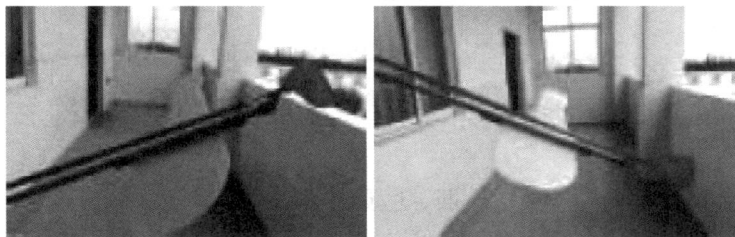

图9

载重纸飞机的制作与飞行

邝锦堂

一、学习目标

（1）了解飞机飞行原理；

（2）学习载重纸飞机模型的组装、制作；

（3）在飞行实践中培养学生发现、分析和解决问题的能力，提高竞技水平。

二、材料及工具

（1）未拆封的"运20"运输机模型每人一套，内含配重块、双面胶、按不同比例制作成的汽车模型，皮尺、牙签若干；

（2）事先制作好的"运20"运输飞机模型一架，作为标准；

（3）活动记录表、评价表、奖品等。

三、问题提出

（1）飞机飞行的原理是什么？

（2）你能按图组装制作运输机模型吗？

（3）飞机飞行的远近与哪些因素有关？如何让飞机平稳飞行？

四、飞机飞行的原理

（一）空气动力学基本概念及原理

1. 流体

一般是指空气或水。

2. 连续性原理

如图1，截面1的面积是S_1，截面2的面积是S_2，通过截面1时流体速度是v_1，通过截面2时流体速度是v_2。由公式和图可看到，截面窄、流线密的地方，流体的流速快；

截面宽、流线疏的地方，流体的流速慢。

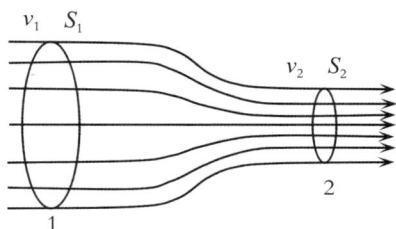

图 1

3. 伯努利定律

内容：流体速度越大的位置，压强越小；速度越小的位置，压强越大。

双手各拿一张薄纸，使它们相距大约 8 厘米。然后用嘴向这两张薄纸中间吹气，如图 2 所示。结果是这两张纸不但没有分开，反而相互靠近了，用嘴吹出来的气体速度越大，两张纸就越靠近。为什么呢？这是因为当向两张纸中间吹气的时候，中间空气流动的速度加快，压强变小，纸外压强比纸内大，内外的压强差就把两张纸往中间压去。

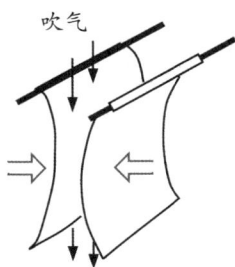

图 2

（二）飞行原理

1. 升力的产生

图 3 甲是机翼与其剖面图。如图 3 乙，气流迎面流过机翼的时候，由于机翼的插入，被分成上、下两股。由于机翼上表面拱起，上方那股气流的通道变窄，机翼上方的气流截面要比机翼前方的气流截面小，流线比较密，所以机翼上方的气流速度大于机翼前方的气流速度。根据气流连续性原理和伯努利定理可以得知，机翼下表面受到向上的压力比机翼上表面受到向下的压力要大，这个压力差就是机翼产生的升力。

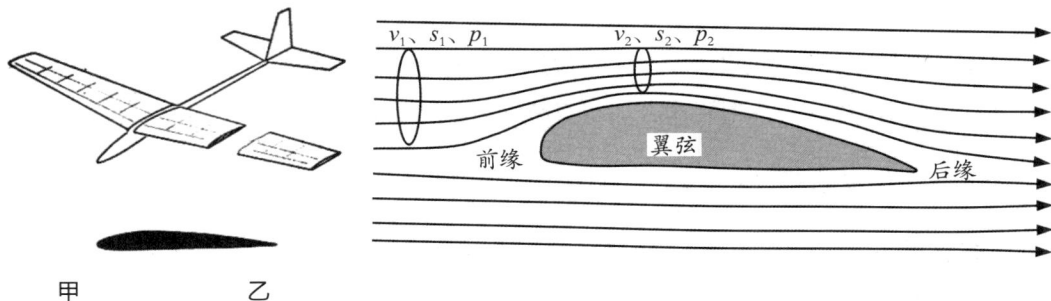

图 3

77

2. 真正的飞机是怎么飞行的?

真正的飞机受到重力、升力、推力、阻力四种力的作用,重力是由地球的吸引而产生的,竖直向下;推力是指飞机涡轮所产生的气流推力;阻力是指飞机在飞行过程中受到的与飞机飞行方向相反的阻碍飞机飞行的力。所以,当飞飞机涡轮所产生的气流推力及升力大于或重力与阻力时,飞机就在天空中飞翔了。

3. 飞行姿态与平衡安定性

飞机的主翼和尾翼所产生的升力,以及其他动作的力使飞机做出各种各样的动作。它们的形状以及受力就直接影响着飞机飞行的姿态。

飞行的稳定性好不好,我们称之为飞机的安定性。要想飞机的安定性好,就要使作用于飞机的力要刚好平衡(合力为零),以维持它的原来姿态。

力偶矩不平衡会使飞机产生旋转加速度。如图 4 所示,对飞机来说,x 轴力偶矩不平衡飞机会滚转,y 轴力偶矩不平衡飞机会偏航,z 轴力偶矩不平衡飞机会俯仰。

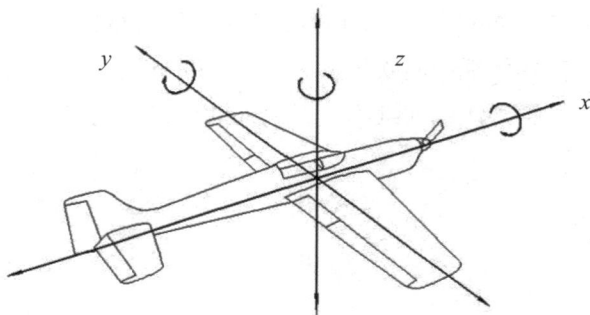

图 4

五、载重纸飞机的制作

(1)根据模型内含的图纸安装制作"运 20"飞机模型。

(2)在规定的时间内安装好飞机模型后,学生之间相互交流。

(3)老师挑选较好的飞机模型进行展示,并让学生们进行评价。

(4)让评价较高的模型制作者介绍组装心得,同时老师介绍一些组装方法和技巧。

六、飞机试飞与调整

1. 模型试飞

模型做好后,让学生们到室外试飞,看看自己的模型飞得是否够远、够平稳,并记录下来。

2. 模型改进

通过试飞对飞行距离太近或太远的和不平稳的飞机模型进行必要的改良。

3. 展示并演示

老师拿出事先做好的飞机，展示给学生们看，并由学生做飞行示范。

4. 调整飞机

（1）试飞后提出一些问题

① 为什么有的飞机总是机头朝下坠地？

② 为什么有的飞机不沿直线偏离方向飞行？如何调整？

③ 如何实现飞行时间和装载量的最优化？

（2）飞机的调整

老师对问题飞机进行一些必要的调整，比如说，将机翼尾部往上翘或往下翘，垂直尾翼向左或向右偏转等，并考虑快速取出机内汽车模型的方法。

（3）记录好飞机的调整过程

把试飞过程中出现的问题及解决方案详细记录下来。

七、重新组装飞机模型

1. 重新组装飞机模型

重新组装飞机模型，看是否能够克服之前出现的问题。

2. 模型飞机的飞行与评价

（1）同一人用不同的力尽可能将满载汽车模型的飞机水平掷出，每次飞机离手时的高度要相同。用皮尺测量出飞机飞行的水平距离，记录在飞机飞行的记录与评价表1，从中寻找适合自己的用力大小，使飞机尽可能落在目标区域内。

（2）用合适的力在规定时间内尽可能将飞机多次掷出，并计算总得分。

（3）多次重复（2），得到自己的最好成绩。记录在飞机飞行的记录与评价表2。

八、活动评价

1. 模型制作评价

评分标准：与展示作品相比较。没按要求完成，0分；不是很像，得1分；基本像，得2分；一模一样得3分。

评价人：_____   分数：_____

2.飞机飞行的记录与评价表1（高度相同 =_____m）

评价次数	用力大小	水平距离 （单位：m）	备 注
1	小		
2	中		
3	大		
4	最大		

3.飞机飞行的记录与评价表2（用力大小相同）

评价次数	水平距离 （单位：m）	得 分	备 注
1			
2			
3			
4			

九、活动总结

（1）通过学习，了解飞机的飞行原理；

（2）学习载重纸飞机模型的组装、制作；

（3）培养学生发现、分析和解决问题的能力，提高他们的竞技水平；

（4）评选出纸飞机模型制作比赛中的优秀作品；

（5）评选出纸飞机比赛中得分最高的学生。

四轴飞行器的安装与飞行

广东外语外贸大学实验中学　陆启新

一、学习目标

（1）了解多轴飞行器的飞行原理；

（2）学会组装四轴飞行器，从而懂得简单的维护和改装；

（3）通过循序渐进的训练，掌握四轴飞行器的飞行；

（4）通过不断升级的竞赛，不仅提高对飞行器的操控能力，同时提高学生在压力下保持镇定的心理素质。

二、器材准备

"青蜂号"系列无人机、QAV250穿越机、"美嘉欣"系列全国赛比赛机。

三、问题提出

（1）你知道四轴飞行器的飞行原理吗？

（2）接电池要注意什么问题？

（3）防止电池鼓包失效要注意什么问题？

（4）四轴飞行器的组装过程要注意什么问题？

（5）起飞、降落和悬停时，推拉杆量的大小是由什么决定？

（6）怎么理解"预判"在飞行中的重要作用？

（7）为什么练习的时候飞得很好，一到比赛就失利？

（8）怎么理解"人机合一"？

四、飞机飞行的原理

四轴飞行器是如何实现上下移动、前后移动和左右偏航的？

1. 知识要点

（1）牛顿第三定律：作用力与反作用力；

（2）力矩：顺时针方向力矩和逆时针方向力矩；

（3）惯性：物体都有保持原来运动状态的性质。

2. 飞行原理

（1）悬停：向上的动力与飞行器的重力平衡；

（2）升降：向上的动力与飞行器的重力不平衡；

（3）前后左右运动：由于飞行器前后左右俯仰时产生向前后左右的分力；

（4）偏航运动：由于顺逆时针方向转速不同产生偏航力矩。

五、飞行器的组装

1. 飞机结构与拆解

飞机由机架、动力系统和指挥控制系统等构成，组装和拆解要按照一定的顺序和步骤进行，否则会造成损坏。

电池 = 飞机能源　锂电池：4.2 V

注意：禁止暴晒　禁止穿刺　禁止过充　禁止短路

2. 动手组装（体现工程）

（1）按飞机上的说明书制作，制作 10 分钟后，教师提示制作要点。规定时间不超过 20 分钟。

（2）组装后提出一些问题：

① 防止电池鼓包失效要注意什么问题？

② 四轴飞行器的组装过程要注意什么问题？

六、模拟飞行

1. 起飞与降落练习

2. 升降与悬停练习

3. 俯仰与偏航练习

使用模拟器体验飞行，初步掌握油门、副翼和方向舵对飞机的控制。每项练习 10～20 分钟后进行个人比赛。

七、"美嘉欣"四轴飞行器飞行训练和竞赛

老师或学生用一个安装调整好的飞机，演示飞行过程。

1. 起飞与降落练习

起飞先知如何安全降落（出发先知归路）。

（1）左手油门：美国手和日本手；

（2）上锁与解锁；

（3）要点：起飞慢推防失控。

2. **升降与悬停练习**

悬停要点：悬停是动态调整的结果，杆不停地动，机才能不动。

3. **"8"字飞行练习**

使用"美嘉欣"实体飞机飞行，飞行难度加大，有失控的危险，锻炼人体空间感、方向感、锻炼眼睛、左右手和大脑的协调配合，对眼睛视力、注意力和敏捷性有帮助。每项练习 10～20 分钟后进行个人比赛。

八、"青蜂号"飞行与竞赛

使用"青蜂号"实体飞机飞行，飞行难度进一步加大，飞机没有自稳和定高功能，而且飞行速度和反应敏捷性更快，对油门、副翼和方向舵的控制要求更高，也更加刺激。通过不断升级的竞赛，不仅提高学生对飞行器的操控能力，同时提高他们在压力下保持镇定的心理素质，面对飞行中的各种突发情况进行冷静分析，并做出果断、有效的决定。

九、活动评价

1. **组装质量评价**

评分标准：

零件位置和方向有错，得 0 分；零件位置和方向正确，工艺欠佳得 1 分；以上俱佳，得 2 分；以上俱佳和试飞成功，得 3 分。

评价人：_____　　　　　分数：_____

2. 飞机飞行的记录与评价

编　号	积　分	降　落	时　间

十、活动总结

（1）通过学习，了解多轴飞行器的飞行原理；

（2）学会组装四轴飞行器，从而懂得简单的维护和改装；

（3）掌握四轴飞行器的飞行；

（4）提高学生在压力下保持镇定的心理素质；

（5）评选出"美嘉欣"的最佳飞手；

（6）评选出"青蜂号"的最佳飞手；

（7）懂得感恩回馈。

手势控制四轴飞行器的制作与飞行

任 娟

一、学习目标

（1）了解手势控制四轴飞行器飞行的原理；

（2）学会制作手势控制四轴飞行器；

（3）学会手势控制四轴飞行器的竞赛方法；

（4）掌握手势控制四轴飞行器各种飞行动作的方法。

二、材料及工具

手势控制四轴飞行器 1 个（飞行器长 120 mm，宽 120 mm，高 43 mm），手势控制器 1 个，四轴飞行器电池 1 个（规格为 3.7 V–200 mAh），正转浆叶 2 个、反转浆叶 2 个，手指固定架 2 个，20 cm×8 cm 的胶纸 4 片，胶带、秒表或其他计时器，7 号电池 3 节。

三、问题提出

（1）手势控制四轴飞行器飞行的原理是什么？

（2）手势控制四轴飞行器的主要结构有哪些？

（3）飞行器的稳定性与哪些因素有关？

（4）在有风的环境中，如何尽量提高飞行器的稳定性？

四、飞机飞行的原理

（一）布置任务：上网搜索四轴飞行器飞行原理

四轴飞行器又称四旋翼飞行器、四旋翼直升机，简称四轴、四旋翼。"十"字形的布局允许飞行器通过改变电机转速获得旋转机身的力，从而调整自身姿态。

1. 结构原理

（1）四轴飞行器是一个在空间具有 6 个活动自由度（分别沿 3 个坐标轴作平移和旋转动作），但是只有 4 个控制自由度（4 个电机的转速）的系统。

（2）为了保持飞行器的稳定飞行，在四轴飞行器上装有 3 个方向的陀螺仪和 3 轴加速度传感器组成惯性导航模块，可以计算出飞行器此时相对地面的姿态以及加速度、角速度。通过飞行控制器计算保持运动状态时所需的旋转力和升力，通过电子调控器来保证电机输出合适的力。

2. 运动原理

（1）垂直运动。图 1 中，因有两对电机转向相反，可以平衡其对机身的反扭矩，当同时增加四个电机的输出功率，旋翼转速增加使得总的拉力增大，当总拉力足以克服整机的重量时，四旋翼飞行器便离地垂直上升；反之，同时减小 4 个电机的输出功率，四旋翼飞行器则垂直下降，直至平衡落地，实现了沿 z 轴的垂直运动。当外界扰动量为零时，在旋翼产生的升力等于飞行器的自重时，飞行器便保持悬停状态。保证 4 个旋翼转速同步增加或减小是垂直运动的关键。

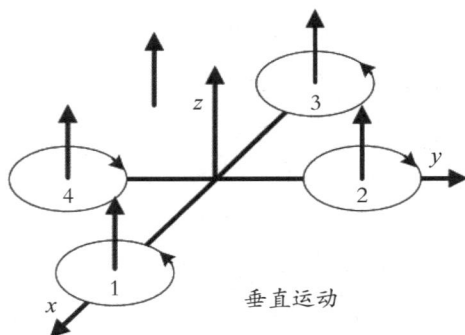

图 1

（2）俯仰运动。图 2 中，电机 1 的转速上升，电机 3 的转速下降，电机 2、电机 4 的转速保持不变。为了不因为旋翼转速的改变引起四旋翼飞行器整体扭矩及总拉力改变，旋翼 1 与旋翼 3 转速改变量的大小应相等。由于旋翼 1 的升力上升，旋翼 3 的升力下降，产生的不平衡力矩使机身绕 y 轴旋转（方向如图 2 所示）。同理，当电机 1 的转速下降，电机 3 的转速上升，机身便绕 y 轴向另一个方向旋转，实现飞行器的俯仰运动。

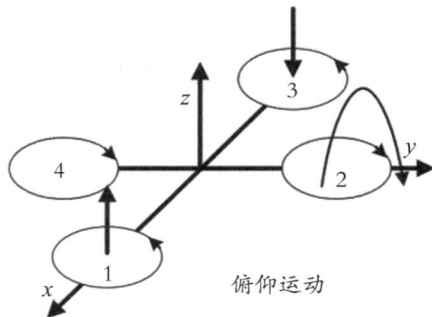

图 2

（3）滚转运动。与图 2 的原理相同，在图 3 中，改变电机 2 和电机 4 的转速，保持电机 1 和电机 3 的转速不变，则可使机身绕 x 轴旋转（正向和反向），实现飞行器的滚转运动。

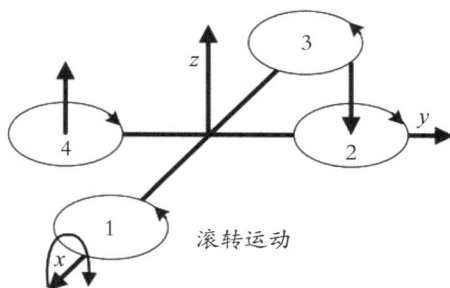

图 3

（4）偏航运动。四旋翼飞行器偏航运动可以借助旋翼产生的反扭矩来实现。旋翼转动过程中由于空气阻力作用会形成与转动方向相反的反扭矩，为了克服反扭矩影响，可使四个旋翼中的两个正转，两个反转，且对角线上的各个旋翼转动方向相同。反扭矩的大小与旋翼转速有关，当四个电机转速相同时，四个旋翼产生的反扭矩相互平衡，四旋翼飞行器不发生转动；当四个电机转速不完全相同时，不平衡的反扭矩会引起四旋翼飞行器转动。在图 4 中，当电机 1 和电机 3 的转速上升、电机 2 和电机 4 的转速下降时，旋翼 1 和旋翼 3 对机身的反扭矩大于旋翼 2 和旋翼 4 对机身的反扭矩，机身便在富余反扭矩的作用下绕 z 轴转动，实现飞行器的偏航运动，转向与电机 1、电机 3 的转向相反。因为电机的总升力不变，飞机不会发会垂直运动。

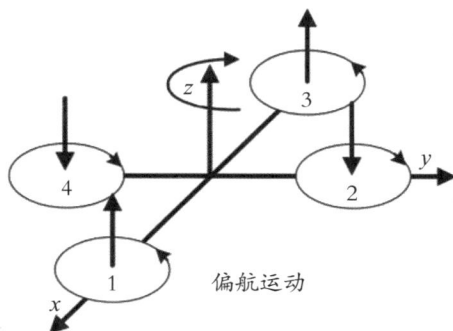

图 4

（5）前后运动。要想实现飞行器在水平面内前后、左右地运动，必须在水平面内对飞行器施加一定的力。在图 5 中，增加电机 3 转速，使拉力增大，相应减小电机 1 转速，使拉力减小，同时保持其他两个电机转速不变，反扭矩仍然要保持平衡。按图 2 的理论，飞行器首先发生一定程度的倾斜，从而使旋翼拉力产生水平分量，因此可以实现飞行器的前飞运动。向后飞行与向前飞行正好相反。当然在图 2 图 3 中，飞行器在产生俯仰、翻滚运动的同时也会产生沿 x、y 轴的水平运动。

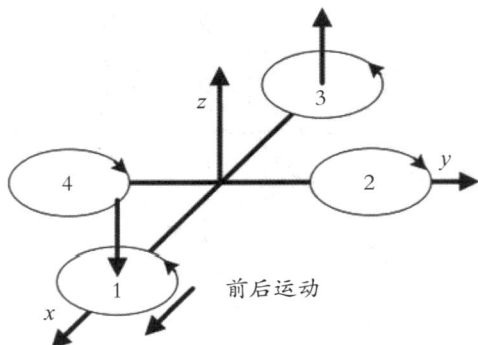

图 5

（6）侧向运动。由于结构对称，侧向飞行的工作原理与前后运动完全一样。

（二）教师讲解相关的原理

手势控制四轴飞行器主要的动作有缓慢向前、后、左、右倾斜，旋转，调速及升降运动。基本原理与其他四轴飞行器是相同的。

五、手势控制四轴飞行器的制作

1. 了解飞行器的主体结构及功能

了解飞行器的工作原理后，学生们应该对飞行器的主体结构有所认识，在纸上写下或画出飞行器的主要部件，讨论这些组成部件的主要功能。这个过程要基于学生的前期准备，有的学生已经在学校参加过一些科技活动，使用过四轴飞行器，对此有所了解；有些学生从没参加过此类科技活动，但没有关系，可以通过上网搜索，了解飞行器的主要部件及功能。

2. 制作飞行器

（1）根据飞行器的操作说明进行组装

老师提供飞行器的组件，学生根据操作流程制作飞行器。老师走下讲台巡回观察。

（2）相互交流

在规定的时间内组装好飞行器后，学生可以与周围的同学相互交流，看看自己组装的飞行器与其他人组装的飞行器有什么不同。

（3）展示作品

老师挑选较好的飞行器展示给学生们看，并让学生们指出这些飞机好在哪儿。

（4）介绍制作要点

老师指出制作中的要点，并提供好的建议。

六、试飞与调整飞行器

1. 飞行器试飞

飞行器制作完成后，让学生们在室内绕杆试飞，体验自己所组装的飞行器的飞行性能，掌握基本的飞行技能。

2. 飞行器的改进

通过试飞，对飞行中出现的问题进行改良，让飞行器飞得更稳定。

3. 展示并演示

老师挑选出飞行稳定性好的飞行器，交由学生试飞，进行飞行示范。

4. 调整飞行器

（1）试飞后提出一些问题

① 为什么你的飞行器噪声很大？

② 为什么你的飞行器飞行震动严重？如何调整？

③ 为什么你的飞行器飞行方向和手势不一致？

④ 为什么你的飞行器撞击后面板松落？

⑤ 有外界因素影响时，如在有风的环境中，如何尽量让飞行器飞行得更稳定？

（2）飞行器的调整

老师对组装好的飞行器进行一些必要的调整，比如说，将接缝处加强固定，将翘起的电机线进行整理贴合，调整电机的位置，将其对准卡位中间等。

（3）记录好飞行器的调整过程

在调整好飞行器后，把试飞过程中出现的问题及解决办法记录下来。

七、重新修正飞行器

1. 调整飞机器的安装方案

根据出现的问题，进行修改、总结，提出完善后的方案。

2. 调整飞行器

拿出第一次制作的作品，让学生再次调整，看是否能够克服飞行器飞行出现的问题。

3. 飞行器的飞行与评价

学生们操纵手势控制遥控器，轮流试飞。

（1）试飞时从起点线出发，先进行翻转，再逆时针进行三角绕标飞行。

（2）同一个人，每完成一圈中途翻滚一次，翻滚的位置和方向不限。

（3）记录飞行圈数及通过标杆的个数，同时用秒表记录飞行的时间。

（4）多次飞行，让学生们拿出自己的最好成绩来。

八、活动评价

1. 飞行器制作外观评价

评分标准：

一点也不牢固，得 0 分；不是很牢固，得 1 分；基本牢固，得 2 分；非常牢固，得 3 分。

评价人：_____   分数：_____

2. 飞行器飞行的记录与评价

评价次数	评价人	飞行圈数	通过标杆的个数	飞行时间（单位：s）	备 注

九、活动总结

（1）通过学习，了解了飞行器的飞行原理。

（2）通过记录制作方法和改进方案，提高了同学们的解决问题能力。

（3）学习了基本飞行技巧。

（4）体验了飞行器三角绕标飞行的过程。

（5）评选出比赛中绕标飞行同圈数、飞行时间用时最少的作品。

（6）评选出比赛中绕标飞行同标杆数、飞行时间用时最少的作品。

新"自由"号遥控游艇的制作与航行

黎思德

一、学习目标

（1）了解有关船航行的原理；

（2）学会制作新"自由"号遥控游艇；

（3）学习和掌握新"自由"号遥控游艇环游赛的方法和技术；

（4）学会新"自由"号遥控游艇水上足球三人赛的竞赛方法；

（5）掌握新"自由"号遥控游艇水上足球三人赛团体作战技巧。

二、材料及工具

（1）模型器材：新"自由"号 2.4 G 遥控游艇快艇，模型的材料为定制成型塑料板及直流电机。

（2）中天模型全国航模比赛标准水池：10 m×3 m，水深约 10 cm。

三、问题提出

（1）船航行的原理是什么？

（2）双桨船是怎样实现转弯的？

（3）你可以尝试组装一艘遥控船吗？

（4）怎样才能操控一艘遥控船如臂使指，随心所欲？

（5）怎么才能在新"自由"号遥控游艇水上足球三人赛中取得胜利？

四、船航行的原理

（一）通过网络查找弄清船航行的原理

船或船舶，指的是利用水的浮力，依靠人力、风帆、发动机（如蒸汽机、燃气涡轮、柴油引擎、核动力机组）等动力，牵、拉、推、划，或推动螺旋桨、高压喷嘴，使其能在水上移动的交通运输工具。

我们使用的新"自由"号遥控游艇采用双电机两个螺旋桨的动力设计。

1. 前进原理

根据牛顿第三运动定律相互作用的两个物体之间的作用力和反作用力总是大小相等，方向相反，作用在同一条直线上。螺旋桨旋转向后推水，水就给一个相同大小的力向前推动螺旋桨，从而带动船身前进。当螺旋桨旋转速度越快时，船就能获得更大的速度。

2. 水动力学

船在水中航行时，其前沿会受到水的阻力，阻力可以分为许多成分，主要的是水作用在船壳的阻力及波阻力。若降低了阻力，速度自然会提升，需要降低湿润表面，没水部分船体也要改用产生水波振幅较小的外形。为了达到这目的，高速的船舶一般会较细长，其附属物较小或是较少。

3. 新"自由"号的性能

新"自由"号采用三通道：前进、左转、右转。（请注意此快艇不会后退）

① 电源自动导通功能，按遥控器油门键，两个螺旋桨同时旋转，快艇前进；停止按键，快艇停止。

② 遥控器的方向杆向左扳动时，左螺旋桨停止旋转，右螺旋桨工作，快艇左转；向右扳动时，右螺旋桨停止旋转，左螺旋桨工作，快艇右转。可使艇在行驶中向左或向右任意转弯。

③ 双电机设计，动力强、速度快，玩得更刺激。双螺旋桨驱动，由铜芯连接电机，特殊材料防进水。

（二）教师讲解相关的原理

各种遥控船的基本原理是相同的。

五、新"自由"号遥控游艇的安装制作

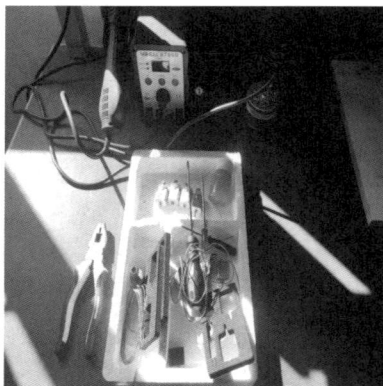

1. 硅胶管的安装

取出包装袋内的透明硅胶管节头（出厂时已事先截好合适的长度），并将其套于电机轴上。（硅胶管切面与电机轴根部之间请留少许距离，以免摩擦产生阻力。最合适的距离为 0.8～1 mm）

2. 螺旋桨的安装（1）

首先，将螺旋桨取下。取螺旋桨时注意边上的小标识，其中 L1、R1 为一组，桨径较大，此螺旋桨具有大扭力的特点，适合推球比赛时使用；L2、R2 为一组，桨径较小，属于高转速型，适合竞速比赛时使用。然后，用小锤子将桨轴轻轻敲入所选螺旋桨内。安装完成的两支螺旋桨与桨轴组合的总长度应为一致。

3. 螺旋桨的安装（2）

将桨轴装入船体内部时请注意对照电机扣上的 L、R 标识（L 代表需安装 L 螺旋桨，R 表示需安装 R 螺旋桨），并在桨轴上涂抹适量黄油（黄油位置在包装盒的右上角），使螺旋桨运转更加顺畅。安装完成后的桨轴与电机轴之间应留有 1mm 左右的间隙，并用手转动螺旋桨以测试涂抹黄油后的顺畅程度。

4. 电池架和限位节

取出包装袋内的黑色电池架限位节，并嵌入电池架引出线一端的长方形孔内，安装时请注意限位节的尖头要向下。此限位节的作用是如果航行中出现航向不直的状况，可通过移动电池架的位置来调整快艇的重心位置，从而起到改变航向的效果。（快艇如左偏将电池架往右移，如右偏则反之。）

5. 遥控性能测试

在粘合模型前，需先进行模型遥控设备的性能测试。（出厂前虽已通过严格测试，但不排除由于运输及搬运途中的不良因素而导致失常的可能）

① 将需另购的 9 V 电池和 4 节 5 号电池分别装入发射机及电池架内，并利用专用船架将船体架空。

② 先开发射机，然后将电池架插口接入接收机的连接口中（注意插口方向一定要对准），此时电机应在停转的状态。

③ 向上推动发射机的左手柄，此时左、右电机应为同时向外转动状态。测试正常后将右手柄向右推，此时右边的螺旋桨应停止转动，左边螺旋桨向外转。测试正常后再将右手柄向左推，此时左边螺旋桨应停止转动，右边螺旋桨向外转动。

④ 全部测试完成后，先将电池架取下，然后再关闭发射机。

6. 天线的安装

把包装袋内的不锈钢接收天线及 M2 的螺丝、螺母取出，将螺丝先从天线环内的小孔中穿出，接着穿过甲板尾部的天线孔，再将接收天线线耳套在螺丝上，最后用螺母将其锁紧。

7. 船体的粘接

方法一：粘合船体可使用包装袋内所附带的胶水进行粘接。其方法是先在船体船沿内侧均匀地涂上胶水，然后将甲板与船体合拢。粘合过程中请始终保持外沿对齐，并用多根橡筋捆绑固定，待其干固。

方法二：建议先将船体与甲板合拢对齐，并用多根橡筋捆绑固定后再用氯仿（需另购）注入船体内部的结合部分，同时慢慢转动船体使氯仿能均匀地渗入接缝内部。采用此方法能使粘合完成的船体更美观且更牢固。

（注意：无论采用哪一种方法，使用胶水时一定要注意安全）

船体粘合完成后在尾鳍底部涂上少量胶水并将其插入甲板后部的凹槽内固定（尾鳍朝向请对照彩盒上的照片）。粘合完成后，可把船体先放于一边，开始粘合驾驶舱窗玻璃（方法与船体类似）。驾驶舱窗玻璃粘合完成后，基本的安装及粘合工作已经全部完成。

8. 美化船体和推球器的安装

安装完成后首先可参照彩盒图片用贴纸对船体进行美化。如进行单艇或多艇竞赛可将船首标识插入船首的小孔内（不需粘合）；如进行推球竞赛，请将可调推球器插入，此推球器共有 5 档高度可进行调节，请根据快艇航速来调整推球器的高低。

六、试航练习与环游赛

1. 准备好标准水池

水池是船模试验和练习的必备器材，规格：长 10 m，宽 3 m，水深约 10 cm。这个规格水池为"我爱祖国海疆" 全国青少年航海模型教育竞赛活动指定规格标准水池，适用于各种船类模型练习和比赛。可以直接采用中天模型公司的比赛专用池，也可以由学校教师自行制作（推荐使用 160 mm PVC 水管和防水彩条布拼装）。

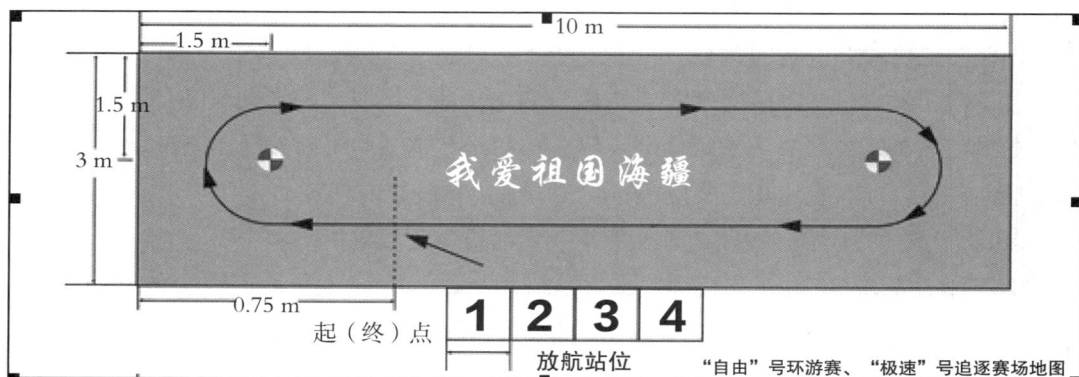

"自由"号环游赛、"极速"号追逐赛场地图

2. 学习和掌握新"自由"号遥控游艇环游赛的方法和技术

新"自由"号遥控游艇环游赛的比赛规则：

① 竞赛时间：航行 2 分钟。

② 2 分钟时间到，未完成该圈的模型须在 15 秒内完成航行至终点线，该圈有效。

③ 模型在航行中允许碰标，但漏标需补标，否则此圈无效。

④ 有效绕标圈数多者成绩列前，圈数相同则超时时间短者名次列前。

七、环游比赛活动评价

航行时间 2 分钟，记录每个学生航行圈数。

姓　名	圈　数	备　注

八、新"自由"号遥控游艇水上足球三人赛

1. 新"自由"号遥控游艇水上足球赛规则

① 由运动员以遥控方式操纵模型，按规定模拟足球赛的竞赛。

② 每队由三名运动员组成，每人各操纵一艘模型参赛。

③ 竞赛用球使用比赛专用球。

④ 运动员进入场地，将各自的模型静置于己方球门底线外的水面。

⑤ 开球：裁判员将球投入发球区后吹哨，开始竞赛。竞赛时运动员须始终在各自站位竞赛。

⑥ 允许模型之间的对抗和争抢球。模型发生故障时竞赛不间断，由己方参赛选手在不影响正常竞赛的情况下可将故障模型捞出水面，修复后可从本队球门底线外出发，继续加入竞赛。进 1 球得 1 分，进球后重新开球。

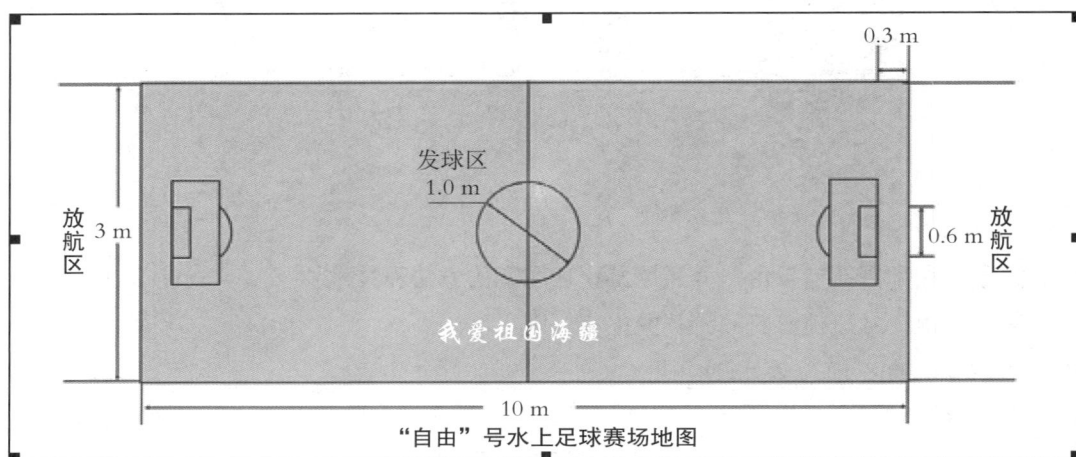

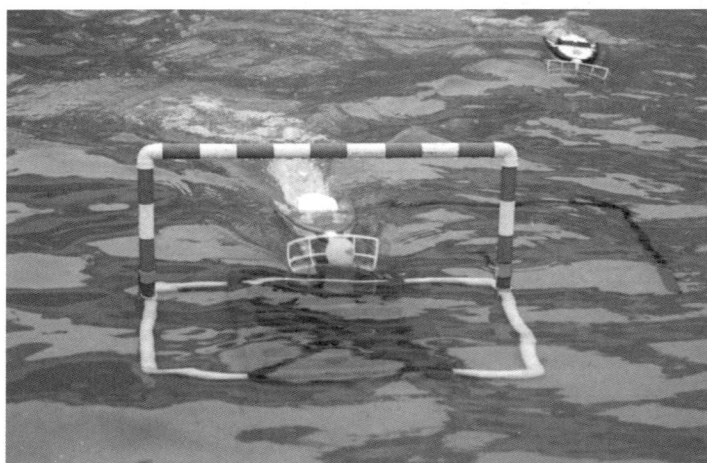

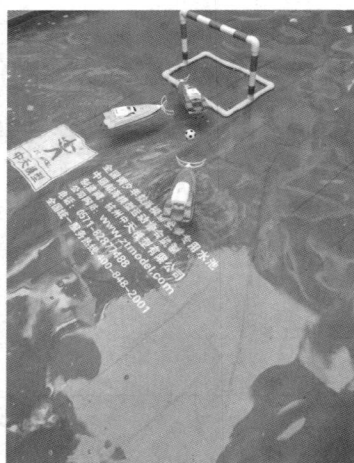

"自由"号水上足球赛场地图

水上足球

2. 训练比赛

首先是个人技巧训练，要做到船人合一，随心驰骋。然后是团队协同训练，通过实践掌握作战队型、相互配合、帮助脱困等技术，三人同心，团队协同作战才是取胜之道。

3. 成绩记录

以 5 分钟为一局比赛时间，记录各小队训练比赛进球数。

比赛局数	比赛进球数	
	红 队	蓝 队
1		
2		
3		

九、活动总结

（1）通过学习，了解了船航行的原理以及水动力学等知识。

（2）学生们学会了模型组装、电烙铁的使用，加强了对电学知识的理解。

（3）评选出环游最快选手。

（4）评选出最佳足球射手。

（5）评选出最佳配合三人黄金团队。

大气压强实验教具创新设计

陆启新

一、学习目标

（1）通过实验器材的改进或创新，直观地展现出隐藏的大气压，以及为何大气压等于液柱的压强；

（2）通过学生的动脑创新、动手制作活动真正体验物理学习"从生活走向物理，从物理走向生活"；

（3）通过材料的购买融入社会，认知基本买卖常识，学习讨价还价的技巧。

二、所需材料及器材的准备

1. 材料和器材

有机玻璃管材、PVC管材及粘合剂、3D打印机、切割机、吸尘器、棉布条、钢锯等。

2. 安全保障

使用切割机时必须遵守安全操作规程：

（1）无齿锯使用前，应认真检查各部件是否松动，锯片有无残缺裂纹。

（2）无齿锯安全防护罩要牢固可靠。

（3）使用无齿锯，必须使用漏电保护器。

（4）无齿锯不用时，应及时切断电源。

（5）锯件要放置平稳、夹持牢固，锯件不得超过规定范围，严禁用脚踩锯件。

（6）无齿锯启动前，不得与锯件接触，锯切时用力要均匀，不可用力过猛，锯切过程中不得停止。

（7）更换与管理无齿锯片，必须由专人负责，轴孔不适合，不能勉强安装。

（8）更换切片时，检查中心孔是否规则，并用目测或木棒轻敲的方法检查切片是否有裂痕；安装时法兰盘之间应放弹性垫，切片经过静平衡后，空转10分钟方可使用。

（9）无齿锯片磨损严重及出现缺口时应立即更换。

（10）切割工件时不准面对切片正面，禁止以杠杆推压工件，严禁使用掉边切片，或超速使用，端面磨料；备用切片不得与铁器混放在一起，储放切片的地方要干燥，防止切片浸湿受潮。

（11）使用无齿锯时，必须佩戴护目镜，前方不得有人和设备；严禁在有易燃、易爆物品地点使用无齿锯。粘合剂有刺激性气味，要注意通风。

三、问题提出

（1）如何直观地显现大气压的存在？

（2）怎样利用身边的管材做显示大气压存在的物理实验？

（3）如何设计一个装置测量大气压强？

四、活动设计

教学环节	目标任务	教师活动	学生活动	设计意图/任务难度
任务发布	通过创新设计或者优化改进，直观地显现大气压	1. 组织学生构建研发团队 2. 向学生解释目标任务	1. 明确目标任务 2. 进行团队内部任务的分工	建立学生团队，明确各自分工 任务难度：简单
科学探索	1. 利用网络、图书馆查找资料 2. 学习3D打印技术 3. 用实验的方法测量吸尘器的真空度	1. 参与学生小组活动，适时引导点拨 2. 组织学生用透明软水管测量吸尘器真空度	1. 通过网络、图书和讨论确定方案 2. 学习并掌握3D打印技术 3. 在老师的指导下动手测量吸尘器真空度 	1. 培养学生在海量信息中的筛选能力 2. 体验在已有知识、别人的观点和自己的想法的碰撞中激发创新灵感
教具设计	演示效果可见度大、直观	参与者 合作者	1. 反重力吸管： 2. 双筒托里拆利实验原理器 3. PVC水枪	培养学生运用科学知识解决实际问题的能力 任务难度：挑战性

续表

制定采购方案	1. 学会选择合适的购买渠道购买不同的材料 2. 亲历讨价还价，学会基本的买卖技巧	1. 介绍不同物品常用的购置方式，选择合适的购买方式 2. 介绍常用的买卖技巧	1. 对不同物品选择合适的购买方式：五金店、批发市场，还是网购 2. 学习常用的买卖技巧，学会讨价还价	融入社会，体验真实的买卖过程 任务难度：有趣
安装调试	通过手脑并用，将想法变成现实	参与者 合作者	动脑动手的实际操作，通过对器材的安装、调试、改进，创造出不断完美的成品	培养动手能力、执行力，在成果、成功的激励下提高创造力 任务难度：乐在其中
反思与改进	发现存在的问题，并提出改进的方法	参与与讨论，引导方向，找点子	对发现的问题提出改良方案	培养学生的完美主义精神，制作精美的作品
学习评价	1. 自我认同和成就感 2. 同学和老师的认同和表扬			

五、制作后提出一些问题

（1）怎么运用买卖中的易位谈判策略？

（2）有的同学经过器材的不断改进后认为，产品没有最好，只有更好。你的观点是什么？

（3）"三人行必有我师"，在团队合作中说说你的收获和团队建设的建议。

六、活动评价

1. 教具制作评价

评分标准：

只是有所改进，得 1 分；

有创新性，实用欠佳，得 2 分；

创新性强、实用性佳，3 分。

评价人：_____　　　　分数：_____

2.教具评价表

姓　名	器具名称	创新性	实用性

七、活动总结

（1）通过实验器材的改进和创新，制作出能直观显现大气压的器材。

（2）通过材料的购买融入社会，加深对社会的认识，认知基本买卖常识，提高谈判的技巧。

（3）培养学生发现、分析和解决问题的能力。

（4）认识到发明创造是永无止境的。

无线电测向机的原理与训练

陈敦平

一、学习目标

（1）了解有关无线电测向机的基本原理；

（2）探究无线电测向机训练方法；

（3）培养学生独立思考、分析判断能力，既丰富了学校实践课的内容，又促进了学生综合素质的提高。

二、问题提出

（1）无线电测向机的基本原理是什么？

（2）正确的持机方法？

（3）如何进行听台和找台训练？

（4）如何进行体能练习？

三、测向机的原理

布置学生在课前通过网络查找弄清无线电测向机的原理。

1. 无线电测向机的基本介绍

信号源的序号：

MO 台（—— ———） 0 号台（—————）

1 号台（—— ——— ·） 2 号台（—— ——— · ·）

3 号台（—— ———） 4 号台（—— ——— · · ·）

5 号台（—— ——— · · · ·） 6 号台（— · · · ·）

7 号台（—— · · ·） 8 号台（——— · ·）

9 号台（——— · ）

2. 测向机各旋钮，开关的功能

（1）频率旋钮：用来寻找需要收测电台的信号，要求被收测信号的声音清晰、悦耳，而其他电台信号尽可能小，减小其干扰。

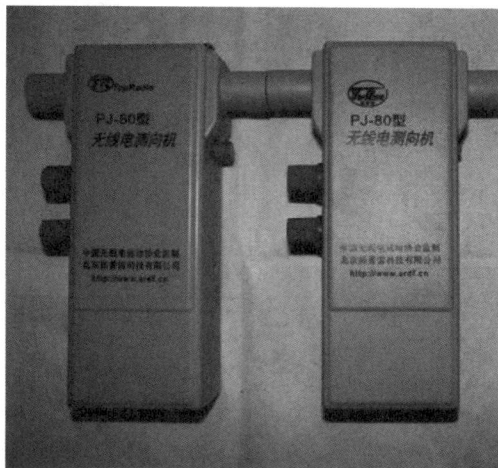

（2）音量旋钮：用来控制音量大小。此旋钮在快速接近电台的途中，随着信号强度的不断增加而需经常旋动，每次旋转时，应旋转在音量适中并略微偏小的位置，以获得较好的方向性。

（3）单向开关：用来判断电台的方位。当需要判断单向性，按住此开关，将拉杆天线接入电路，其输出电势与磁性天线所感应的电势复合，产生一心脏形方向图，这就克服了磁性天线的双值性；当松开此开关，自动切断项立天线，测向机保持"8"字形方向图。此外，插入耳机即接通电源，拔出即断开电源。

3. 测向的基本原理

当磁棒轴线与电波传播方向垂直（$\theta=90°$、$\theta=270°$）时，磁场方向与磁棒轴线平行，即磁力线与磁性天线线圈截面垂直，磁力线可顺着磁棒通过，磁棒聚集了最多的磁力线穿过线圈，线圈中的感应电势最大。

当磁棒轴线与电波传播方向成其他某一角度，磁场方向也与磁棒成某一角度，会有部分磁力线穿过线圈，线圈中有一定感应电势输出。θ 越接近于 0 或 180°，感应电势越小；越接近 90° 或 270°，感应电势越大。感应电势随 θ 的变化而变化，形成"8"字形。

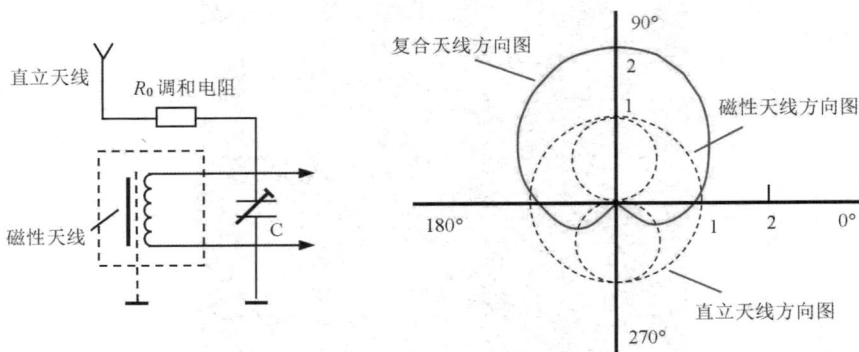

四、无线电测向机训练

（一）正确的持机方法

右手持机，大拇指靠近单向开关，其他四指握测向机，手背面是大音面，松肩垂肘，测向机举至胸前，距人体约 25 厘米，尽量保持测向机与地面垂直。

（二）学校训练

1. 识别电台呼号训练

目的：建立收测信号必须首先分辨台号的概念。

方法：教练员掌握可拍发 0 ~ 9 和 MO 号电台呼号的信号源的方法，运动员准备好测向机、笔、纸，以教练员口令调收信号，分辨出电台台号后记录下来。每个台号的拍发时间可由 15 秒逐步减至 5 秒。此训练可在教室内进行。

2. 高收电台信号训练

目的：提高中收取电台信号的质量和速度

方法：教练员操纵 3~5 台不同频率工作的信号源。

（1）按首先计划的开机顺序轮流发信号。运动员记录收取的台号。每台工作时间由 15 秒减至 5 秒。

（2）从 5 个电台中挑出 3 部电台同时发信号，运动员自选顺序收听。总发信时间由 40 秒减至 15 秒。

（3）以上训练，可逐步采用缩短天线长度或加大收发距离的方法，使信号由强变小。最后由教练员宣布结果，进行评分，或运动员自己核对打分。

3. 测定电台方向线

（1）在学校操场上设发射机一部，连续发信号，运动员在距电台 50~100 米处，原地闭目转圈后测出方向线，然后睁眼检验。

（2）场地和发射机工作方式同上，运动员蒙眼，测定方向线后边测边前进，看谁距电台最近。为避免互相碰撞，运动员应在不同方向上分批出发，并在电台附近配一工作人员，防止踩踏电台。

（3）运动员站在操场中央，周围设 3~5 部不同频率连续发信号弹的隐蔽电台。要求运动员在规定时间内，测定各台方向线。

4. 方向跟踪

为提高训练效率，可在出发点四周设 4~8 个隐蔽电台，仍要求每名队员在规定时间内找 4~6 个台，最后以找台数使用的总时间来评定成绩。

沿测向机指示的电台方向边跑边测，带信号接近并找到电台的方法叫方向跟踪。方

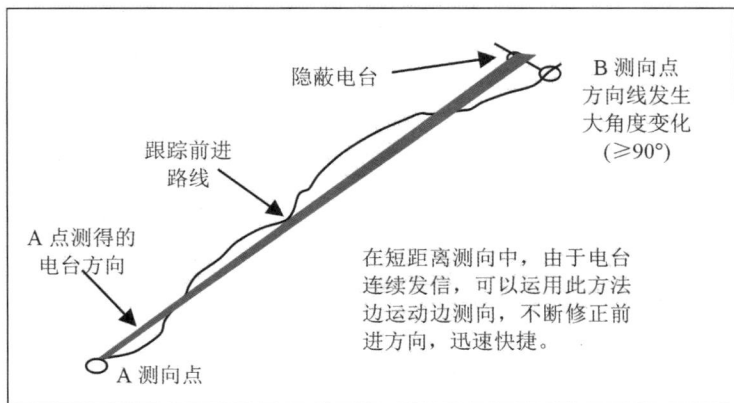

隐蔽电台

B 测向点
方向线发生
大角度变化
（≥90°）

跟踪前进
路线

A 点测得的
电台方向

在短距离测向中，由于电台
连续发信，可以运用此方法
边运动边测向，不断修正前
进方向，迅速快捷。

A 测向点

向跟踪又分哑点线跟踪与大音面跟踪两种。80 米波测向以哑点线跟踪为主。

哑点线跟踪：在测定好电台的方向后，我们即可沿着磁棒指向的哑点线追踪下去。追踪时拿测向机的手腕稍微左右转动，以便随时修正追踪的方向，以免跑偏。

5. 交叉定点

在学校训练场所内设隐蔽电台一部，利用林边道路进行交叉定点。在此要强调的是，发射天线的架设一定要与地面垂直，否则会给测出的方向带来误差。

交叉定点：在不同的测向点，测出两条或两条以上的方向线，依各方向线的交点确定电台位置的方法。根据实地条件，在与首先测出的方向线成一夹角的方向上运动一段距离，再测第二条方向线，两方向线相交处即为电台位置。

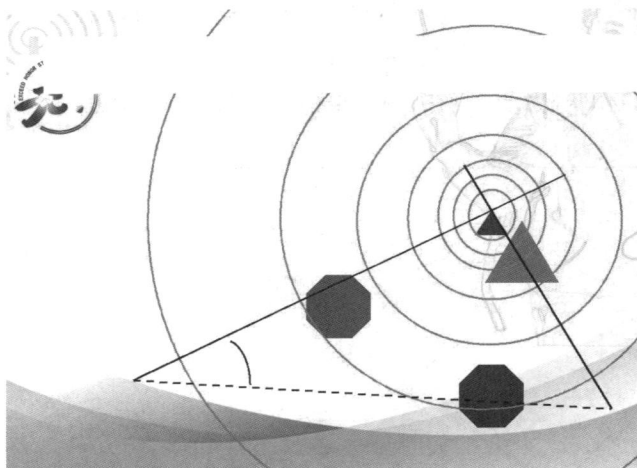

6. 体能训练

体能是测向训练及比赛的一个重要保证。

（1）耐力训练：奔跑距离 2～3 千米，持续时间在 20～30 分钟；

（2）短距离跑：采用 30 米、50 米反复跑，100 米变速跑；

（3）各种变换方向追逐性的游戏和对各种信号做出应答反应的游戏等。

以下疾病患者不宜参加：

先天性心脏病和风湿性心脏病患者、高血压和脑血管疾病患者、心肌炎和其他心脏病患者、冠状动脉病患者和严重心率不齐者、糖尿病患者，以及其他不适合运动的疾病患者。

五、活动评价

评价次数	评价人	找台台数（单位：台）	找台时间（单位：分钟）	备　注

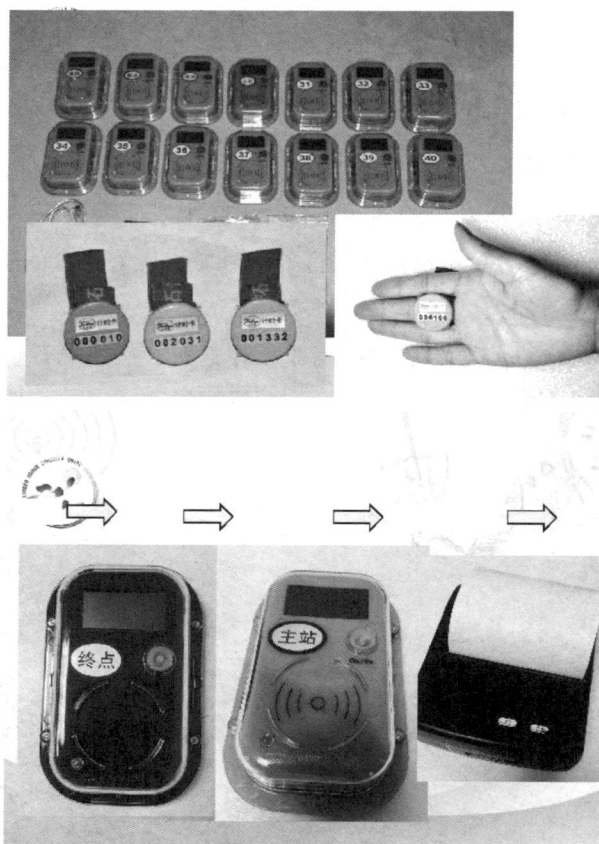

六、活动总结

（1）通过学习，了解了测向机原理。

（2）同学们通过训练开阔眼界、增长知识、强身健体、磨练意志，促进学生在德、智、体等方面的发展。

（3）评选出找台最快的学生。（个人赛）

（4）评选出团队合作意识最强的团队。（团体赛）

无线电测向机的制作与调试

陈敦平

一、学习目标

（1）了解有关无线电测向机制作的原理；

（2）探究焊接与拆焊技巧；

（3）学习绘制简单的电路图；

（4）整机调试。

二、材料及工具

P3500 测向机套件、电工工具箱。

三、问题提出

（1）无线电测向机的制作原理是什么？

（2）如何利用常见的电子元件制作出简单的测向机？

（3）如何调试测向机能收到电台发出的信号？

四、无线电测向机的制作原理

目前无线电测向运动正在全国中小学快速普及，为落实德、智、体、美全面发展的教育方针，许多学校把无线电测向运动列为学校科技活动。无线电测向机制作工程是无线电测向比赛项目内容之一，是推动无线电测向运动发展的坚实力量。普及型 80 米波段直放式测向机具有电路简单、成本低、便于安装调试、运行性能好等特点，非常适合在学生中开展短距离无线电测向活动时装配使用。

1. 电路方框图

80 米波段测向机由测向天线，高频放大级、可调差拍振荡器、差频检波器、低频放大级、功率放大级及耳机等组成。如下图所示：

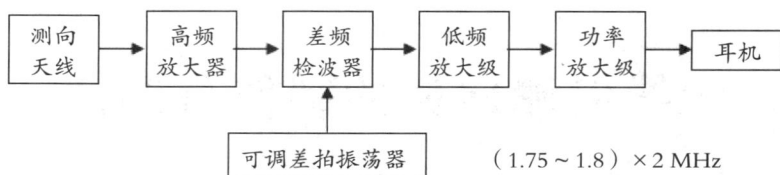

2. 电路原理图

电路原理图是利用电路图形符号有机连接成的整体图，是有关技术人员不可缺少的资料。有了电路原理图，就能更详细、具体地分析电子设备的工作原理。

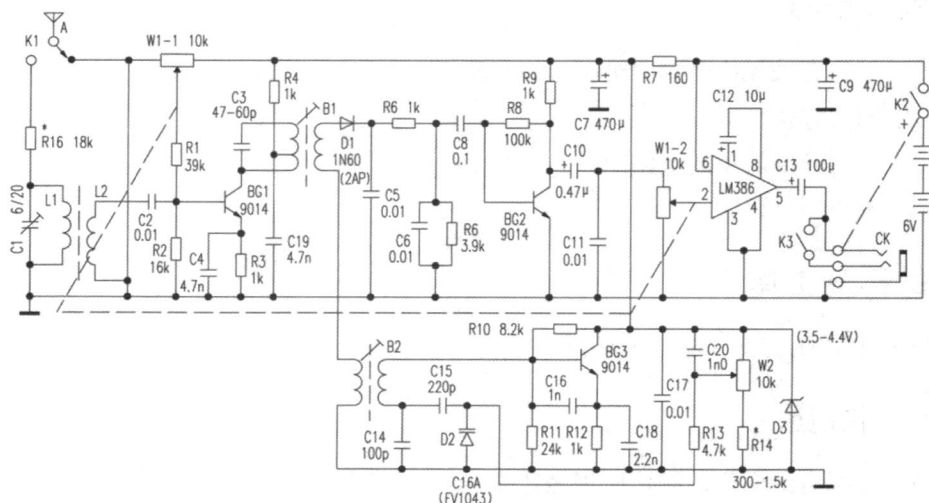

3. 装配图

装配图是电路原理图的具体表现形式，是无线电装置或设备安装、调试和维修人员的必要资料。装配图一目了然地表明了元器件的实物形状、安装位置和电路的实际走线方法等。

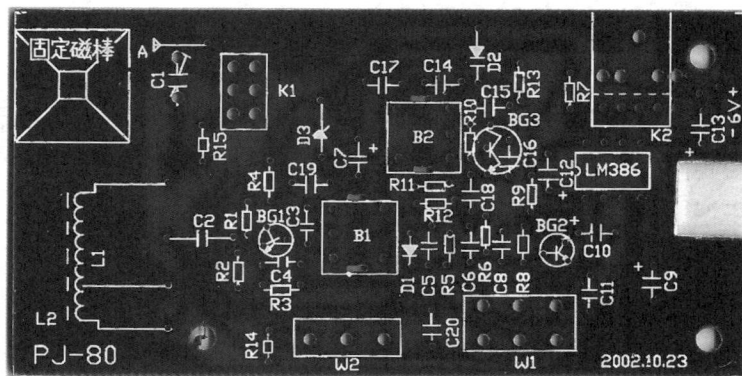

五、无线电测向机的制作

1. 熟悉电子元件

（1）熟悉每个元器件的电路符号。无线电元器件是组成各种电子线路及设备的基本单元，熟悉无线电元器件的电路符号是识读无线电电路图的基本要求。

（2）根据图纸迅速查找到元器件在电子设备中的具体位置，是一个由理论到实践的过程。

2. 焊接与拆焊

（1）焊接操作

一般情况下，烙铁到鼻子的距离应该不少于 20 cm，通常以 30 cm 为宜。

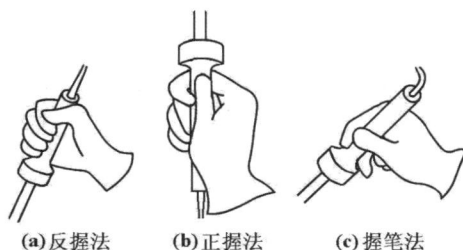

(a)反握法　　(b)正握法　　(c)握笔法

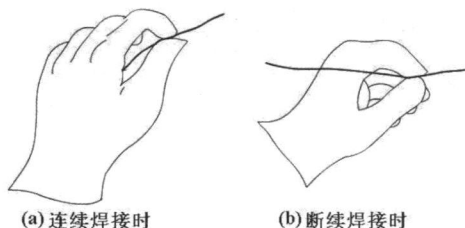

(a)连续焊接时　　(b)断续焊接时

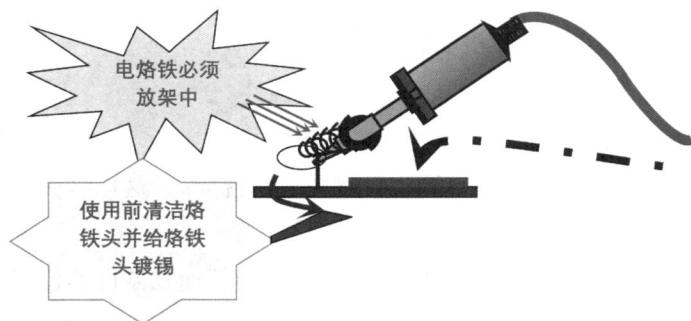

电烙铁必须放架中

使用前清洁烙铁头并给烙铁头镀锡

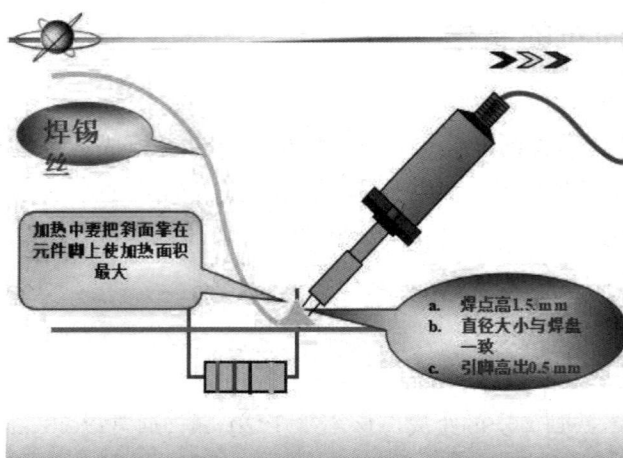

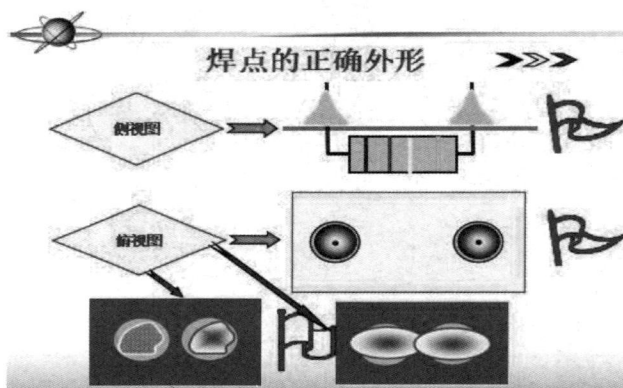

（2）拆焊的原则

拆焊的步骤一般是与焊接的步骤相反的：

●不损坏拆除的元器件、导线、原焊接部位的结构件。

●拆焊时不可损坏印制电路板上的焊盘与印制导线。

●对已判断为损坏的元器件，可先行将引线剪断，再拆除，这样可减少其他损伤的可能性。

●在拆焊过程中，应尽量避免拆动其他元器件或变动其他元器件的位置，要做好复原工作。

3. 制作测向机

（1）老师提供测向机套件，学生自己制作一台测向机。老师巡回观察。

（2）在规定的时间内完成后，学生可以与周围的同学相互交流。

（3）展示作品。

六、测向机整机调试

无线电测向机是由众多的元器件组成的，由于各元器件性能参数具有很大的离散性（允许误差），电路设计的近似性，再加上安装过程中其他随机因素的影响（如存在分布参数等），使得装配完的产品在性能方面有较大的差异，通常达不到设计规定的功能和性能指标。这就是整机装配完毕后必须进行调试的原因（测试与调整）。

问题提出：

（1）调整可调差拍振荡器的频率覆盖范围？

（2）调整天线回路？

（3）检查方向性？

PJ—80 型测向机调试比较简单。如果装焊没有错误，可按下列步骤调试：

（1）天线回路的调整 3.53 MHz，调节 C_1 使声音最大，高不出最大点。改线圈的位置，重新调 C_1。

（2）将 W_2 旋至中心点信号源 3.55 MHz（5 号台），调节 B_2 使音调悦耳（约 1000 Hz）。太宽增大 R_{14} 300 ~ 1.5 KΩ；太窄，减小 R_{14}。

（3）使耳机声音最大，磁芯到最上端声音仍是增大趋势将 C_3 换小 47 ~ 68 P。磁芯调到最下端声音仍是增大趋势应将 C_3 换大后再调。

（4）方向性调试：单向大音面分辨困难，应改变 R1518K。单向分辨距离约 3m。

七、活动评价

评价次数	评价人	是否有声音	收到台数	制作时间

八、活动总结

（1）通过学习，了解了无线电测向机的制作原理。

（2）了解了焊接与拆焊的基础知识。

（3）了解了测向机的调试。

校园鸟类的观察

杨沃明

一、学习目标

（1）了解鸟的形态与生活环境基本知识；

（2）了解鸟的分类；

（3）学习自然观察日记的撰写方法。

二、材料及工具

观鸟的图册与书籍，笔、记录本、基本药物等，望远镜、带长焦镜头的相机，奖品等。

三、问题提出

（1）校园最常见的鸟是什么？

（2）影响校园常见鸟分布的因素有哪些？

（3）你能把观察的鸟告诉同学是什么品种吗？并向同学传递美丽的小精灵信息吗？

（4）你能通过观察鸟的活动，向同学们宣传爱鸟、护鸟的知识吗？

四、鸟类的基础知识

1. 布置任务：上网查找学习鸟类的基础知识

鸟类的基础知识包括鸟类的特征和鸟的身体各部位名称等内容。身体被履羽毛，前肢变成翼等是鸟类的主要特征。鸟身体各部位名称是课堂知识的延伸，也是识别鸟种类的基础。

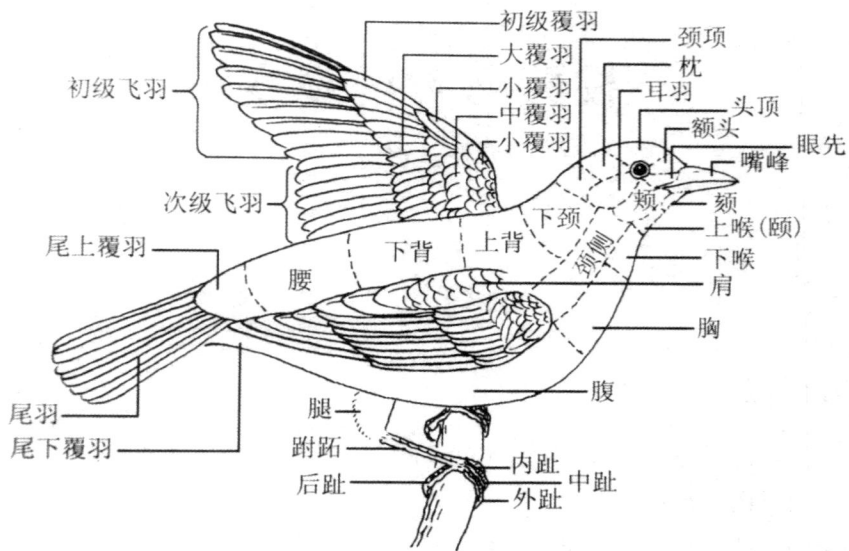

2. 教师讲解鸟类的基础知识

结合自身来认识鸟的身体部位。

五、鸟类观察前的准备

1. 鸟类图鉴

如《中国鸟类野外手册》等。

2. 望远镜

其实一般的望远镜已能基本满足普通的观鸟要求，7～10倍的双筒望远镜适合各种环境的观鸟活动，特别适合近距离观察使用。15～60倍的单筒望远镜配合三脚架，适合观看水禽和固定目标。

3. 记事本

一个好的观鸟者，要进行野外记录；记录观鸟日期、时间、地点、温度、天气、种类、大小、特征、数量等。

4. 拍摄

有条件者，可准备50倍以上的长焦数码相机或单反相机配300 mm以上的长焦镜头来适合拍摄鸟类，使用长焦镜头时要用三脚架。

5. 其他

指南针、地图、创可贴、万金油、驱蚊药、蛇药、通讯设备等。

六、分小组观鸟实践

1. 望远镜的使用方法

双筒望远镜常常标有一些参数，如 8×32、10×40，其中前面数字 8×、10× 表示该望远镜放大倍数，后面数字 32、40 表示物镜的口径（单位为 mm）。双倍望远镜一般使用放大 7~10 倍较合适。使用方法如下：

（1）调节目距：调节望远镜两个镜筒之间的距离，直到左右视场（左图）合为一个圆形视场（右图）为止，这时两镜筒的出瞳孔距离便与人眼的两出瞳孔距离一致。

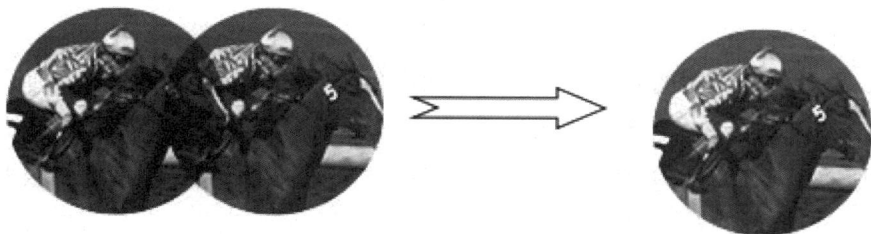

（2）调焦：两手肘部轻贴身体作支撑，望远镜对准同一个观察目标。先闭着右眼，用左眼看出去，转动望远镜的中调机构（左图：手轮或者压板），直到清晰为止；再闭着左眼，用右眼看出去，调节右眼眼罩（右图：可左右慢慢旋转），直到清晰为止。

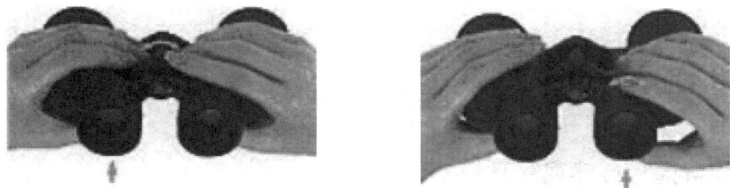

（3）观察：将望远镜对准另一个观察的目标，慢慢转动中调机构，双眼就能很快看清楚目标。分别闭上左眼与右眼，检查两眼对焦是否准确。观察近处或远处的目标，关注向左或向右调节中调机构与近物或远物的关系，是今后快速寻找目标的关键。

（4）变倍望远镜使用方法：先将变倍杆拉到最小倍数，用上述方法调节。直到目标清楚后，再拉动变倍杆，选择自己需要的合适倍数。

注：千万不要使用望远镜直接观察太阳，以免灼伤眼睛！

2. 发现鸟与特征记录

（1）听鸟声确认鸟的位置，并用望远镜调节焦距对准该位置，静待鸟的出现。

（2）当肉眼发现鸟的位置后，应以大的树干或树枝作参照物，用望远镜仔细搜索鸟的位置。

（3）注意观察鸟的外部形态特征，以便确认鸟种。

3. 观鸟守则

（1）注意人身安全。鸟调时沿着鸟调路线进行，注意确保路面安全后才通过，不能进入草丛、丛林等处观鸟，以防毒蛇、马蜂等对人的攻击。注意涂抹防蚊水。

（2）注意防火安全。发现火情，及时报警。

（3）要爱护好校园的一草一木、野生动物和公共设施。观鸟忌高声喧哗、驱赶鸟类等行为，切勿伤害鸟类和影响鸟的生活。

（4）穿着衣物颜色不可鲜艳，以免影响观鸟。要求穿长衫、长裤，衣服上应有合用的口袋。戴前檐的帽子，既可挡光、护眼，又可以防毛毛虫等。鞋要轻便合脚，最好是舒适的高帮皮鞋或旅游鞋。做好防雨防冷的准备。

七、观鸟活动的小结

1. 观鸟的准备工作

衣着、望远镜、书籍、笔记等。

2. 观鸟规则

安静观鸟等。

3. 鸟种记录与撰写自然观察日记

（1）记录鸟的特征、生活环境等。

（2）查阅资料或请教前辈对鸟种进行识别。

（3）撰写自然观察日记。

八、活动评价

1. 过程性评价

评分标准：正确得分，鸟种多者胜。

日期：		天气：		地点：
顺序	特征记录	鸟种	数量	生活环境
1				
2				

续表

3				
4				
5				
6				
……				

2. 观察日记的评价

评分标准：结合所观察的鸟种撰写；有爱鸟、护鸟的情感。

九、活动总结

（1）通过学习，了解鸟的形态特征。

（2）通过观鸟活动，学会记录鸟的种类和数量。

（3）通过观察，把鸟的形态特征和生活环境展现出来。

（4）通过撰写观察日记，提高学生能力和培养学生热爱自然的情感。

（5）通过观鸟活动，了解鸟类的生活环境，为打造鸟语花香的校园环境出谋划策。

（6）通过校园观鸟比赛活动，评出观鸟能手。

植物识别

李慧婷

一、学习目标

（1）掌握植物分类的过程和一般方法。

（2）学会阅读植物分类检索表和编制简单的检索表，能利用检索表确定植物的分类地位。

（3）能说出校园内常见植物的名称。

（4）在植物识别的实践活动中提高学生的观察、对比、归纳、总结能力，激发科学精神。

（5）充分认识人与自然的内在联系，形成人与自然和谐发展的世界观，建立社会责任感。

（6）体验学习活动的乐趣，建立自发、自主、自信的学习情感。

二、材料及工具

放大镜、镊子、水果刀、直尺、铅笔、笔记本、检索表及相关工具书。

三、问题提出

（1）你知道地球上大概有多少种植物吗？

（2）你认识校园植物吗？

（3）如何对多种多样的植物进行初步分类？

（4）如何为校园植物识别编制简单的检索表？

四、植物分类的基本知识——植物形态特征的观察与科学描述

对植物的形态特征进行科学的描述是进行物种识别与分类的基础，学生学习植物识别之前一定要学会植物形态特征的科学描述方法。

在对植物进行观察研究时，首先要观察清楚每一种植物的生长环境，然后再观察植

物具体的形态结构特征。植物形态特征的观察应起始于根（或茎的基部），结束于花、果实或种子。先用眼睛进行整体观察，细微、重要部分须借助放大镜观察，并能按以下特征进行观察和科学描述。

1. 植物的性状

乔木；灌木亚灌木；草木（包括一、二年生或多年生），茎的形状、颜色、被毛或滑；直立、平卧、匍伏、攀援、缠绕或其他。

2. 叶

叶位、叶形、叶缘、叶基、叶尖、叶着生、叶脉、叶刺、叶毛被、复叶、变态叶。

3. 花序

4. 花的各部分

观察、研究要极为细致、全面，从花柄开始，通过花萼、花冠、雄蕊，最后到雌蕊。必要时要对花进行解剖，分别作横切和纵切，观察花各部分的排列情况、子房位置、组成雌蕊的心皮数目、子房室数及胎座类型等。

（1）苞片——形状、颜色、数目、被毛或其他。

（2）花萼——萼片形状、颜色、数目，离生或合生，被毛或无毛。

（3）花冠——花瓣形态、颜色、数目，离生或合生，被毛或无毛。

（4）雄蕊——数目、花丝离生或合生，雄蕊与花瓣，萼片对生或互生。花药的着生情况和开裂方式。

（5）雌蕊——花柱数目，柱头分裂数，或不裂，或浅裂。

① 子房上位、下位或半下位；

② 子房室的数目；

③ 胎座式（如中轴胎座、特立中央胎座、侧膜胎座等）；

④ 胚珠数目——少数或多数或定数。

5. 果实

属于何种果实？果实的形状大小和颜色等。

分类			举例	特有科
单果	肉果	核果	桃、李、杏、梅、枣、橄榄、椰子	
		浆果	葡萄、番茄、柿	
		柑果	柑桔、柚等	芸香科
		梨果	如梨、苹果、枇杷、山楂等	蔷薇科梨亚科
		瓠果	如南瓜、冬瓜等瓜类	葫芦科
	干果	裂果		
		①荚果	大豆、豌豆、蚕豆；含羞草、山蚂蝗；也有不开裂的，如落花生	豆目（或豆科）
		②骨突果	飞燕草	
		③角果 长角果	如油菜、甘蓝、桂竹香等	十字花科
		短角果	如荠菜、独行菜，有不开裂的，如萝卜	
		④蒴果 室背开裂	如棉、三色堇、胡麻（芝麻）、鸢尾等	
		室间开裂	如牵牛等	
		孔裂	虞美人、金鱼草	
		盖裂	马齿苋、车前等	
		闭果		
		①瘦果	向日葵、荞麦、蒲公英、白头翁	
		②颖果	稻、小麦、玉米	禾本科
		③坚果	麻栎	
		④翅果	枫杨、榆、槭树	
		⑤分果	如锦葵、蜀葵等的果实	
		双悬果	胡萝卜、芹菜	伞形科
		小坚果	薄荷、一串红等	唇形科
			附地草、斑种草等	紫草科（另马鞭草科）
聚合果	聚合瘦果		如草莓、毛茛、蛇莓	
	聚合骨突果		如牡丹、玉兰、绣线菊、八角茴香	
	聚合核果		如悬钩子	
	聚合翅果		如鹅掌揪	
	聚合坚果		莲	
聚花果（花序果或复果）			如桑、无花果及凤梨（菠萝）等	

翅果（槭树） 翅果（榆） 荚果（紫荆） 浆果（柿） 核果（朴）
翅果（白蜡） 坚果（七叶树） 核果（稠李）
球果（落羽杉）
球果（油松） 蒴果（柳） 聚花果（枫香） 坚果（椴）

6. 种子

有无果皮包被，有无胚乳，胚的子叶数目，形状、大小和颜色等。

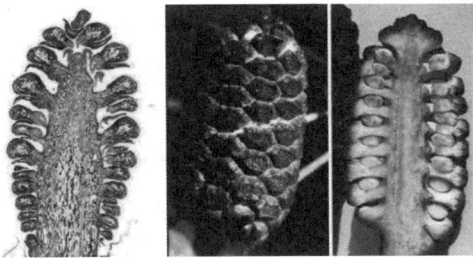

裸子植物（胚珠裸露）

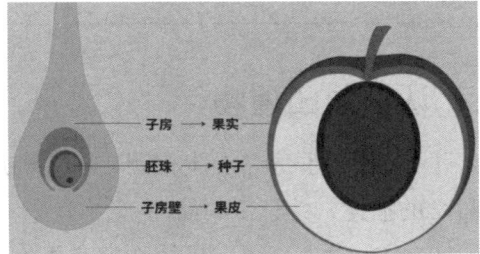

子房 → 果实
胚珠 → 种子
子房壁 → 果皮

被子植物（胚珠被果皮包被）

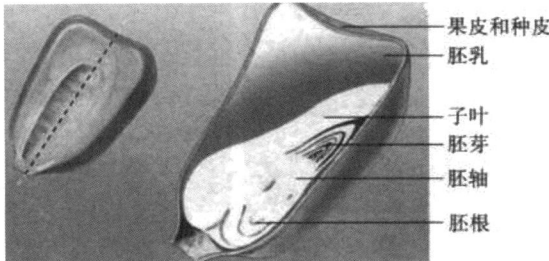

果皮和种皮
胚乳
子叶
胚芽
胚轴
胚根

有胚乳、单子叶

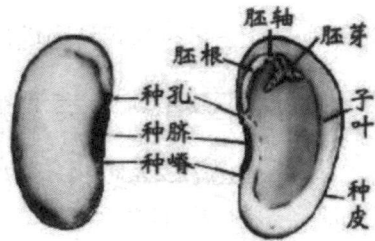

胚轴
胚芽
胚根
种孔
种脐
种嵴
子叶
种皮

无胚乳、双子叶

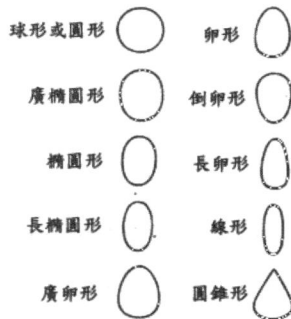

球形或圆形　　卵形
廣椭圆形　　倒卵形
椭圆形　　長卵形
長椭圆形　　線形
廣卵形　　圆锥形

种子形状

常见种子大小

作 物	种子大小（mm/粒）			千粒重（g）
	长	宽（Φ）	厚	
水稻	5.0～11.0	2.5～3.5	1.5～2.5	15～43
小麦	4.0～8.0	1.8～4.0	1.6～3.6	15～88
玉米	6.0～17.0	5.0～11.0	2.7～5.8	50～1000
大麦	7.0～14.6	2.0～4.2	1.2～3.6	20～55
稷	2.6～3.5	1.5～2.0	1.4～1.7	3～8
大豆	6.0～9.0	4.0～8.0	3.0～6.5	130～220
花生	10.0～20.0	7.5～13.0	—	500～900

五、认识校园植物

（1）和学生一起漫步校园，学生利用已学知识和相应的工具对植物的形态特征进行科学的描述，并尝试绘简图。

（2）向学生介绍常见植物的分类方法，学生逐渐能说出校园植物的科、属、种，并能初步介绍这些植物的特征和生活习性。

（3）学生尝试将校园植物进行归类。

六、编制校园植物种类检索表

（1）通过识别校园植物，学生掌握了植物分类的一些基本方法，结合专业的植物检索书籍，编制校园植物种类的简单检索表。

（2）完成编制后，收集所有检索表，学生分析、总结检索表有哪些类型，以及各自的利弊。

（3）学生交换检索表，在校园内利用检索表进行植物的识别，检验检索表的编制是否准确。

七、参观华南植物园

结束校园植物的识别后，周末组织学生前往华南植物园认识更多植物，尽可能完善之前编制的植物种类检索表，进一步丰富植物识别的方法。

八、创建生态教室

学生根据对常见植物生活环境和习性的了解，挑选合适的植物种类布置教室，创建生态教室，既能美化环境，也能通过观察植物的生长过程进一步了解植物的生长特点，还能带动更多的学生关注植物、爱护植物。

九、常见植物识别大赛和生态课室创建大赛

完成相应理论和实践学习后，为了检验学习的成果，也为了激发学生识别植物的热情，使更多的人参与到这个活动中，形成爱惜植物、与自然和谐相处的观念，在课程的最后阶段，举办一次常见植物的识别大赛和生态教室的创建大赛，并颁发奖品。

十、活动评价

校园植物识别大赛，提供 10 种常见校园植物，每种 3 份。每种植物识别满分 10 分，共 100 分。

1. 植物识别评分标准表

评分细则		得　分	总　分
植物认知	中文名正确（3分）		
	科属正确（3分）		
形态描述	描述科学，用词规范（4分）		

2. 植物识别统分表

	植物1	植物2	植物3	植物4	植物5	植物6	植物7	植物8	植物9	植物10
得分										
总分										

3. 生态课室评分标准表

	评分细则	得　分	总　分
宣传	黑板报开设生态专栏，介绍动植物知识（10分）		
绿色	数量上，达到人均0.3盆（20分）		
	种类上，适合摆放于教室，有生机，有绿意（20分）		
洁净	教室干净整洁，窗明几净（15分）		
整齐	教室物品摆放整齐有序（15分）		
美观	教室布置美观，有本班特色，总体给人赏心悦目之感（20分）		

十一、活动总结

（1）利用身边的植物资源为载体，进行校本课程的开发和实施，可操作性强。

（2）和生物教材形成较好的补充，为对植物识别有兴趣的学生提供了良好的学习机会。

（3）促进教师专业知识的更新，增加专业知识的储备，提升专业水平。

反应时间尺的制作

袁 杰

一、学习目标

（1）理解反应时间。

（2）能够运用自由落体运动的规律制作反应时间尺。

（3）能用自由制作的反应时间尺测量反应时间。

二、材料及工具

0.5～1 m 长的木尺或铁尺一把，刻度尺子、白纸。

三、问题提出

（1）人对周围发生的事情能够马上作出反应吗？

（2）什么是反应时间？能举例说明什么是反应时间吗？

（3）自由落体运动有什么规律？

（4）如何运用所学的知识直接测量反应时间？

（5）如何把直尺下落的距离与对应的时间相关联？

四、时间反应尺的测量原理

1. 反应时间

人对周围发生的事情都需要经过一段时间作出反应，从人发现情况到采取行动所经历的时间，叫做反应时间。

2. 测量反应时间的原理

由自由落体运动位移公式：$h=\frac{1}{2}gt^2$ 得到：$\sqrt{\frac{2h}{g}}$，测量出在反应时间内直尺下落的距离，即可以测量出人的反应时间。

3. 在直尺上标注反应时间

五、反应时间尺的制作

（1）准备一把长 0.5～1 m 的刻度尺，如何用这把直尺直接测量反应时间呢？

（2）通过粗略计算，得到下面的表格

下落距离（cm）	反应时间（s）
5	0.10
11	0.15
20	0.20
31	0.25
45	0.30
61	0.35
80	0.40
100	0.45

（3）通过比对，在纸带上标出刻度上的 0 刻度对应的位置，再依次标出 5 cm、11 cm、20 cm、31 cm、45 cm、61 cm、80 cm、100 cm 对应的位置，在相应的位置上标出时间值，即为反应时间。

4.将纸用透明胶或浆糊粘在直尺上，这一把特殊的尺即为测量反应时间的直尺。

六、反应时间的测量与反应时间尺的包装

1. 反应时间的测量

让甲同学在乙同学的手部正上方捏住直尺，乙同学的大拇指与食指之间的距离保持在 3 cm 左右，并处于直尺底端 0 刻度处。在没有任何预示的前提下，甲同学突然放开直尺，乙同学尽快用手去捏住直尺（如图 1 所示）。读出乙同学捏住直尺的位置，这个位置的读数即直尺在乙同学反应时间内下落的距离。根据标注的时间，即可以读出反应时间。

2. 反应时间尺的包装

如何把反应时间尺包装得好看一些呢？同学们可以根据自己的个性和爱好制成富有个性的反应时间尺，但必须把反应时间标在直尺上。

图 1

七、反应时间尺的评比

1. 创新意识

从制作的目标、目的等方面去考虑。

2. 创新思维

从反应时间尺的独创性、直观性看，哪一个尺更好一些？

3. 创新技能

从设计方案和制作过程中发现不足，再做调整。

4. 工程性

把能否在制作的过程中画出自己的制作样本作为一个评价指标。

5. 工艺性

将制作工艺作为评价的一个标准，要求美观实用。

6. 评价表

指　　标	创新意识（20分）	创新思维（20分）	创新技能（20分）	工程性（20分）	工艺性（20分）
分数					

八、活动总结

（1）通过学习，知道了什么是反应时间。

（2）通过学习，掌握了测量反应时间的原理。

（3）掌握了制作反应时间尺的方法。

（4）知道了如何在直尺上标注反应时间。

（5）知道如何使制作的反应时间尺更加美观。

案 例 篇

迷你遥控喷水消防机器人
——Arduino 学习篇教学案例

郑　旖

一、教学目标

（1）引导学生通过科学探索设计研发的机器人，培养学生的科学素养；

（2）引导学生探究机器人零部件的 3D 建模设计，引导学生通过 Arduino 编程探究通过 L298N 电机驱动模块驱动直流减速电机运动、探究通过蓝牙模块接收手机蓝牙 spp 串口通信工具发送信号，培养学生的工程素养；

（3）引导学生通过技术实验，测试、修改及完善研发的机器人，培养学生的技术素养及数学素养；

（4）引导学生进行成果展示，培养学生学会总结及分享想法。

二、教学方法

讲授法、讨论法、实验法、启发法

三、教学流程

任务发布→科学探索→工程设计→技术实验→成果展示

四、计划任务及任务背景

随着社会经济的发展，建筑和企业生产的特殊性，化学危险品和放射性物质泄漏，以及燃烧、爆炸、坍塌等事故隐患不断增加。为减少消防员伤亡，消防机器人作为特种机器人的一种，在灭火和抢险救援中愈加发挥举足轻重的作用。在本次项目中，我们计划的任务是设计一台迷你遥控喷水消防机器人。

五、材料或器材的准备

Arduino UNO 开发板、多种传感器及配件材料包、3D 打印机及多种颜色的 PLA 材料、多种工具等。

六、教学过程

1. **任务发布**：确定需要研发的机器人。

教师活动：制作项目通告。根据小组每一名学生设计的机器人初步方案的可行性及创新性，选定需要研发的机器人的初步方案。

学生活动：明确任务信息。小组每一名学生通过网络及书籍查询资料，设计一款迷你遥控消防机器人，以及查询设计的机器人需要用到的技术路线及设备清单等。

2. **科学探索**：外壳及运动结构设计、功能设计。

教师活动：给小组每一名学生分配设计任务。当设计任务完成后，主持学生展示绘制的草图，引导学生思考及发现问题。通过讨论及总结，最终确定研发的机器人的外壳、运动结构的设计草图，以及具备的功能。

学生活动：根据分配的任务，小组每一名学生进行自主研究。通过各自的研究成果进行总结，确定研发的机器人需要具备的功能和需要用到的器材；对研发的机器人进行外壳、运动结构的构思，并将构思进行草图绘制。

3. **工程设计**：机器人部分零件的 3D 建模，控制 UNO 开发板工作需要用到的 Arduino 程序设计

教师活动：SolidWorks 3D 建模软件的使用、Arduino 程序编写、Arduino 开发板的使用及各电子元件的使用，在技术上给予学生指导和帮助，并帮助学生解决出现的问题。

学生活动：将绘制的零部件草图通过 SolidWorks 3D 建模软件进行 3D 建模；将建好的 3D 模型进行打印；将打印的 3D 模型通过螺钉和螺母进行模型组装；根据机器人需要研发的功能进行电路设计；将买回来的电子元件、Arduino UNO 开发板等进行安装及电路连接；通过编写 Arduino 程序让机器人工作。

4. **技术实验**：测试、修改及完善研发的机器人。

教师活动：组织学生测试研发的机器人，根据测试结果，组织学生进行讨论分析及寻求更完善的方案，做好实验数据记录和分析。

学生活动：在指导老师的指引下，对研发的机器人进行测试；通过测试结果进行讨论分析，继续修改和完善机器人的结构及整体运行程序；继续测试，直到机器人能实现需要研发的功能。

5. **展示成果**：演示及介绍机器人。

　　教师活动：组织学生展示制作的机器人。

　　学生活动：演示制作的迷你遥控消防机器人，并介绍机器人的工作原理、需要改进的地方及未来前景等。

　　实物如图所示。

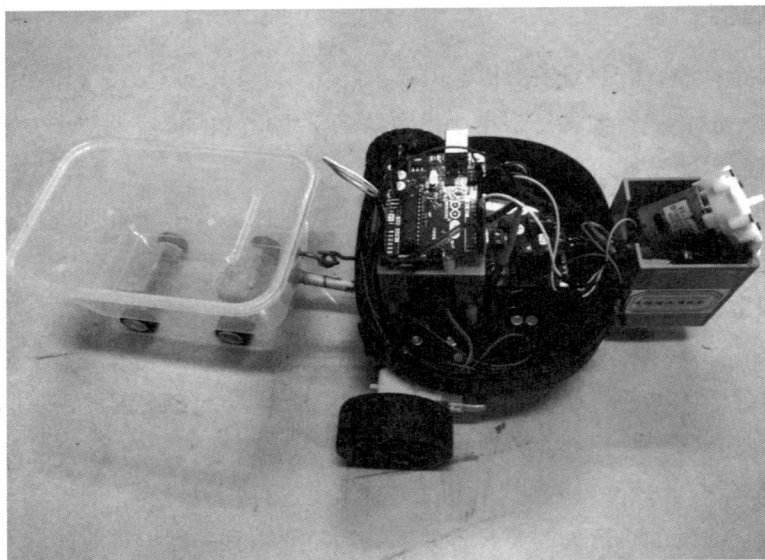

七、成绩记录

评价次数	评价人	创新点情况	结构完成情况	功能完成情况	备　注

八、学习评价

　　组织学生参加竞赛。

简易搬运机器人

——Arduino 学习篇教学案例

郑 旖

一、教学目标

（1）引导学生通过科学探索设计研发的机器人，培养学生的科学素养；

（2）引导学生探究机器人零部件的 3D 建模设计，引导学生通过 Arduino 编程探究通过红外传感器实现巡线功能、探究通过 HX711 压力传感器称量物体重量，培养学生的工程素养；

（3）引导学生通过技术实验，测试、修改及完善研发的机器人，培养学生的技术素养及数学素养；

（4）引导学生进行成果展示，培养学生学会总结及分享想法。

二、教学方法

讲授法、讨论法、实验法、启发法

三、教学流程

任务发布→科学探索→工程设计→技术实验→成果展示

四、计划任务及任务背景

搬运机器人是近代自动控制领域出现的一项高新技术，是机械制造生产体系中的一项重要组成部分。它可以通过编写程序完成各种预期的任务，涉及力学、机械学、自动控制技术、传感器技术、单片机技术及计算机技术等学科领域。在本次项目中，我们计划的任务是设计一台简易的搬运机器人。

五、材料或器材的准备

Arduino Nano 开发板、红外传感器、HX711 压力传感器、L298N 电机驱动模块、减速电机、车轮、万向轮、电池盒、塑料盖、黑色胶带、发光二极管、杜邦线、3D 打印机专用的 PLA 材料等。

六、教学过程

1. **任务发布**：确定需要研发的机器人。

教师活动：制作项目通告。根据小组每一名学生设计的机器人初步方案的可行性及创新性，选定需要研发的机器人的初步方案。

学生活动：明确任务信息。小组每一名学生通过网络及书籍查询资料，设计一款简易的搬运机器人，以及查询设计的机器人需要用到的技术及设备清单等。

2. **科学探索**：外壳及运动结构设计、行走路线设计、功能设计。

教师活动：给小组每一名学生分配设计任务。当设计任务完成后，主持学生展示绘制的草图，引导学生思考及发现问题。通过讨论及总结，最终确定研发的机器人外壳、运动结构及行走路线的设计草图，以及具备的功能。

学生活动：根据分配的任务，小组每一名学生进行自主研究。通过各自的研究成果进行总结，确定研发的机器人需要具备的功能和需要用到的器材；对研发的机器人进行外壳、运动结构及行走路线的构思，并将构思进行草图绘制。

3. **工程设计**：机器人部分零件的 3D 建模，控制 Auduino Nano 开发板工作需要用到的 Arduino 程序设计。

教师活动：SolidWorks 3D 建模软件的使用、Arduino 程序编写、Arduino 开发板的使用及各电子元件的使用，在技术上给予学生指导和帮助，并帮助学生解决出现的问题。

学生活动：将绘制的零部件草图通过 SolidWorks 建模软件进行 3D 建模；将建好的 3D 模型进行打印；将打印的 3D 模型通过螺钉、螺母及热熔胶等进行模型组装；根据机器人需要研发的功能进行电路设计；将买回来的电子元件、Arduino Nano 开发板等进行安装及电路连接；通过编写 Arduino 程序让机器人工作。

4. **技术实验**：测试、修改及完善研发的机器人。

教师活动：组织学生测试研发的机器人，根据测试结果，组织学生进行讨论分析及寻求更完善的方案，做好实验数据记录及分析。

学生活动：在指导老师的指引下，对研发的机器人进行测试；通过测试结果进行讨论分析，继续修改及完善机器人的结构、行走路线及整体运行程序；继续测试，直到机器人能实现需要研发的功能。

5. **展示成果**：演示及介绍机器人。

教师活动：组织学生展示制作的机器人。

学生活动：演示制作的自动运输机器人，并介绍机器人的工作原理、需要改进的地方及未来前景等。机器人如图 1 所示，行走路线如图 2 所示。

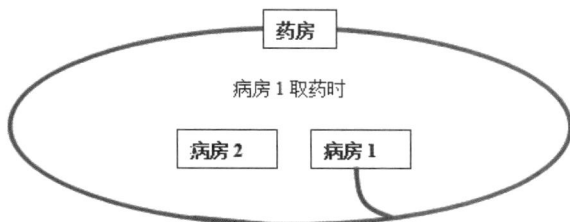

图 2

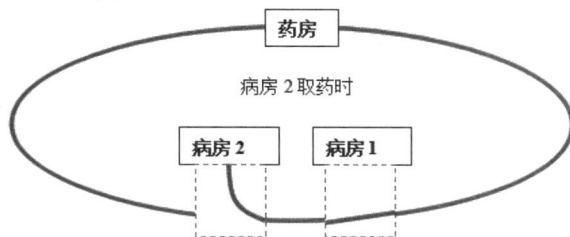

七、成绩记录

评价次数	评价人	创新点情况	结构完成情况	功能完成情况	备　注

八、学习评价

组织学生参加竞赛。

"蛤蛤" 蛙形抓捕机器人
——Arduino 学习篇教学案例

郑　旖

一、教学目标

（1）引导学生通过科学探索设计研发的机器人，培养学生的科学素养；

（2）引导学生探究机器人零部件的 3D 建模设计、引导学生通过 Arduino 编程探究通过超声波传感器测量距离、探究推拉式直流电磁铁及蜂鸣器的使用，培养学生的工程素养；

（3）引导学生通过技术实验，测试、修改及完善研发的机器人，培养学生的技术素养及数学素养；

（4）引导学生进行成果展示，培养学生学会总结及分享想法。

二、教学方法

讲授法、讨论法、实验法、启发法

三、教学流程

任务发布→科学探索→工程设计→技术实验→成果展示

四、计划任务及任务背景

以大自然为灵感设计的各种仿生动物机器人陆续出现，人们通过对大自然的创造性探索，创造了各种仿生动物机器人代替人类穿越复杂地形，完成各种复杂任务。在本次项目中，我们计划的任务是设计一只未来灭蚊虫机器人的雏形——蛙形抓捕机器人"蛤蛤"。

五、材料或器材的准备

Arduino UNO 开发板、多种传感器及配件材料包、3D 打印机及多种颜色的 PLA 材料、多种工具等。

六、教学过程

1. 任务发布：确定需要研发的机器人。

教师活动：制作项目通告。根据小组每一名学生设计的机器人初步方案的可行性及创新性，选定需要研发的机器人的初步方案。

学生活动：明确任务信息。小组每一名学生通过网络和书籍查询资料，设计一款灭蚊虫机器人，以及查询设计的机器人需要用到的技术及设备清单等。

2. 科学探索：外壳、腿部运动结构及伸缩舌头方式设计、功能设计。

教师活动：给小组每一名学生分配设计任务，当设计任务完成后，主持学生展示绘制的草图，引导学生思考及发现问题，通过讨论及总结，最终确定研发的机器人外壳、腿部运动结构、伸缩舌头方式的设计草图，以及具备的功能。

学生活动：根据分配的任务，小组每一名学生进行自主研究，通过各自的研究成果进行总结，确定研发的机器人需要具备的功能和需要用到的器材；对研发的机器人进行外壳、腿部运动结构及伸缩舌头方式构思，包括整体结构及内部结构的构思；将整体结构及内部结构的构思进行草图绘制。

3. 工程设计：机器人外壳、腿部运动结构及部分零件的 3D 建模，控制 Arduino UNO 开发板工作需要用到的 Arduino 程序设计。

教师活动：SolidWorks 3D 建模软件的使用、Arduino 程序编写、Arduino 开发板的使用及各电子元件的使用，在技术上给予学生指导和帮助，并帮助学生解决出现的问题。

学生活动：将绘制的草图通过 SolidWorks 建模软件进行 3D 建模；将建好的 3D 模型进行分块打印；将分块打印的 3D 模型通过螺钉、螺母、热熔胶等进行模型组装；根据机器人需要研发的功能进行电路设计；将买回来的电子元件、Arduino UNO 开发板等安装在 3D 打印的外壳里并进行电路连接；通过编写 Arduino 程序让机器人工作。

4. 技术实验：测试、修改及完善研发的机器人。

教师活动：组织学生测试研发的机器人，根据测试结果，组织学生进行讨论分析及寻求更完善的方案，做好实验数据记录及分析。

学生活动：在指导老师的指引下，对研发的机器人进行测试；通过测试结果进行讨论分析，继续修改及完善机器人的腿部运动结构、伸缩舌头方式及整体运行程序；继续测试，直到机器人能实现需要研发的功能。

5.**展示成果**：演示及介绍机器人。

教师活动：组织学生展示制作的机器人。

学生活动：演示制作的"蛤蛤"蛙形抓捕机器人，并介绍机器人的工作原理、需要改进的地方及未来前景等。实物如图所示。

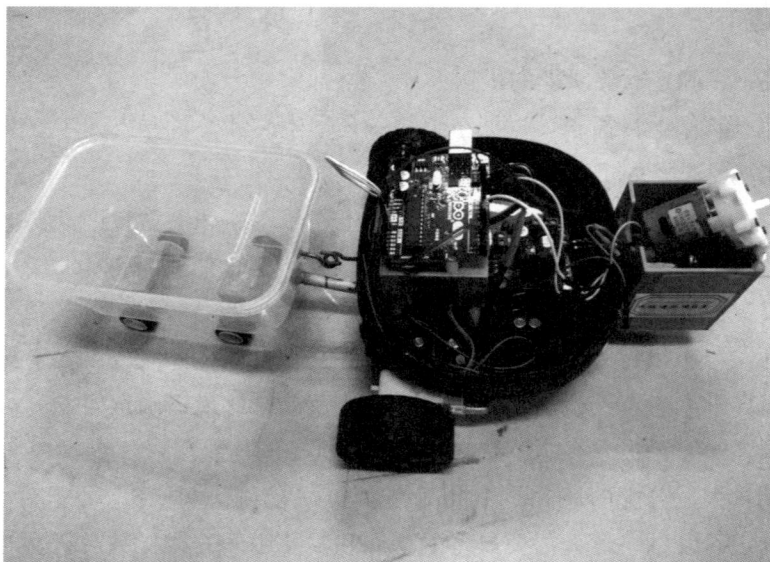

七、成绩记录

评价次数	评价人	创新点情况	结构完成情况	功能完成情况	备　注

八、学习评价

组织学生参加竞赛。

创药煲

——Arduino 学习篇教学案例

郑旖

一、教学目标

（1）引导学生通过科学探索设计需要改装的电子中药煲，培养学生的科学素养；

（2）引导学生拆卸及改装电子中药煲，引导学生探究零部件的 3D 建模设计，引导学生通过 Arduino 编程探究通过继电器控制高压电源、探究 LCD 显示屏的使用、探究温度传感器的使用，引导学生通过 App Inventor 编写手机蓝牙串口通信 App，引导学生通过 CorelDraw 软件绘制图案及图形、并探究激光雕刻机的使用，培养学生的工程素养；

（3）引导学生通过技术实验，测试、修改及完善研发的机器人，培养学生的技术素养及数学素养；

（4）引导学生进行成果展示，培养学生学会总结及分享想法。

二、教学方法

讲授法、讨论法、实验法、启发法

三、教学流程

任务发布→科学探索→工程设计→技术实验→成果展示

四、计划任务及任务背景

传统中药汤剂在慢性病、重症的预防及治疗、养生等领域发挥了很大的疗效，但中药的煎煮工序多、时间长、煎煮不当会直接影响到临床效果。目前市场上的中药煲虽然可以实现基本的自动化煎煮中药功能，但对正在生病的人们来说，使用电子中药煲煎煮中药仍是一件艰难的事情。在本次项目中，我们计划的任务是改进现有的电子中药煲，增加手机 App 控制功能，并增加自动洗煲、自动装药功能。

五、材料或器材的准备

Aruduino Nano 开发板、电子中药煲、多种传感器及配件材料包、3D 打印机及多种颜色的 PLA 材料、多种工具等。

六、教学过程

1. **任务发布**：确定需要研发的机器。

教师活动：制作项目通告。根据小组每一名学生设计的中药煲初步方案的可行性及创新性，选定需要研发的中药煲的初步方案。

学生活动：明确任务信息。小组每一名学生通过网络和书籍查询资料，设计一款中药煲，以及查询设计的中药煲需要用到的技术和设备清单等。

2. **科学探索**：整体结构、内部结构及功能设计。

教师活动：给小组每一名学生分配设计任务。当设计任务完成后，主持学生展示绘制的草图，引导学生思考及发现问题。通过讨论及总结，最终确定研发的中药煲的整体结构、内部结构的设计草图，以及具备的功能。

学生活动：根据分配的任务，小组每一名学生进行自主研究，通过各自的研究成果进行总结，确定研发的中药煲需要具备的功能和需要用到的器材；对研发的中药煲进行整体结构及内部结构的构思；将整体结构及内部结构的构思进行草图绘制。

3. **工程设计**：拆卸及改装电子中药煲，部分零件的 3D 建模，控制 UNO 开发板工作需要用到的 Arduino 程序设计，通过 App Inventor 编写手机蓝牙串口通信 App，通过 CorelDraw 软件绘制图案及图形，通过激光雕刻机在薄木片雕刻图案及切割图形。

教师活动：拆卸及改装电子中药煲、SolidWorks 3D 建模软件的使用、Arduino 程序编写、Arduino 开发板的使用及各电子元件的使用、通过 App Inventor 编写手机蓝牙串口通信 App、通过 CorelDraw 软件绘制图案及图形、通过激光雕刻机在薄木片雕刻图案及切割图形，在技术上给予学生指导和帮助，并帮助学生解决出现的问题。

学生活动：拆卸及改装中药煲；将绘制的零件草图通过 SolidWorks 建模软件进行 3D 建模；将建好的 3D 模型进行打印；将打印的 3D 模型零部件、拆卸的中药煲、凳子、雕刻及切割好的薄木片等通过螺钉、螺母进行组装；根据需要研发的功能进行电路设计；将买回来的电子元件、Arduino UNO 开发板进行安装及电路连接；通过编写 Arduino 程序，结合通过 App Inventor 编写的手机蓝牙串口通信 App，让机器工作。

4. **技术实验**：测试、修改及完善研发的中药煲。

教师活动：组织学生测试研发的中药煲，根据测试结果，组织学生进行讨论分析及寻求更完善的方案，做好实验数据记录和分析。

学生活动：在指导老师的指引下，对研发的中药煲进行测试；通过测试结果进行讨论分析，继续修改及完善整体结构、内部结构、整体运行程序；继续测试，直到机器能实现需要研发的功能。

5. **展示成果**：演示及介绍机器。

教师活动：组织学生展示制作的机器。

学生活动：演示研发的中药煲，并介绍其工作原理、需要改进的地方及未来前景等。实物如图所示。

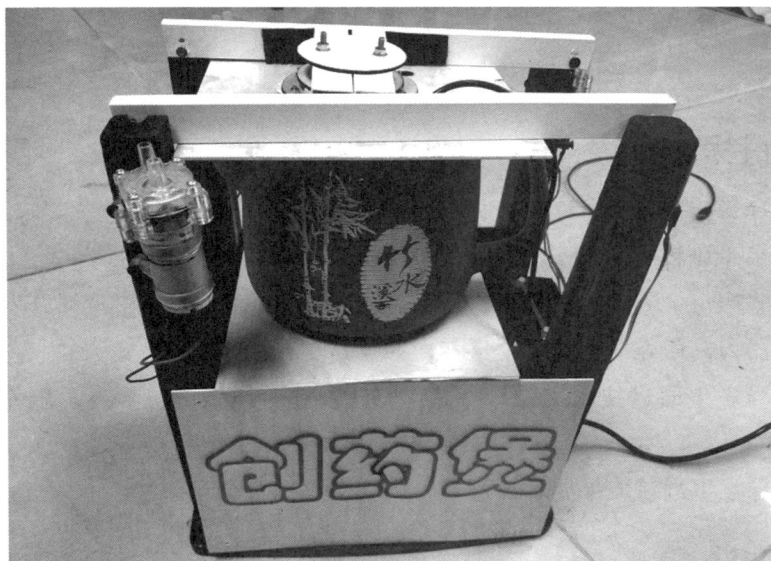

七、成绩记录

评价次数	评价人	创新点情况	结构完成情况	功能完成情况	备　注

八、学习评价

组织学生参加竞赛。

沏茶机器人
——Arduino 学习篇教学案例

郑　旖

一、教学目标

（1）引导学生通过科学探索设计研发的机器人，培养学生的科学素养；

（2）引导学生探究机器人零部件的 3D 建模设计，引导学生通过 Arduino 编程探究控制多个舵机运动的方法，引导学生探究通过 Arduino 开发板和树莓派开发板相结合制作一台 AI 机器人，培养学生的工程素养；

（3）引导学生通过技术实验，测试、修改及完善研发的机器人，培养学生的技术素养及数学素养；

（4）引导学生进行成果展示，培养学生学会总结及分享想法。

二、教学方法

讲授法、讨论法、实验法、启发法

三、教学流程

任务发布→科学探索→工程设计→技术实验→成果展示

四、计划任务及任务背景

树莓派是一款具备高级功能的嵌入式 Linux 主板，可以实现完整的计算机功能。Arduino 是一款便捷、灵活方便使用的嵌入式开发工具，可以实现实时信号采集及控制。虽然树莓派具有很强的处理能力，也有 IO 口可以扩展外部的应用，但不能很方便的扩展周边的硬件；而 Arduino 虽然没有强大的处理能力，但有非常强大的扩展能力，可见，树莓派的功能和 Arduino 的功能具有互补性。在本次项目中，我们计划的任务是设计一台通过树莓派和 Arduino 相结合，实现语音识别自动沏茶的机器人。

五、材料或器材的准备

Arduino UNO 开发板、树莓派开发板、显示屏、多种传感器及配件材料包、3D 打印机及多种颜色的 PLA 材料、多种工具等。

六、教学过程

1. **任务发布**：确定需要研发的机器人。

教师活动：制作项目通告。根据小组每一名学生设计的机器人初步方案的可行性及创新性，选定需要研发的沏茶机器人。

学生活动：明确任务信息。小组每一名学生通过网络和书籍查询资料，设计一款沏茶机器人，以及查询设计的机器人需要用到的技术和设备清单等。

2. **科学探索**：外壳设计、沏茶运动结构设计及功能设计。

教师活动：给小组每一名学生分配设计任务。当设计任务完成后，主持学生展示绘制的草图，引导学生思考及发现问题。通过讨论及总结，最终确定研发的机器人外壳、沏茶运动结构的设计草图，以及具备的功能。

学生活动：根据分配的任务，小组每一名学生进行自主研究，通过各自的研究成果进行总结，确定研发的机器人需要具备的功能和需要用到的器材；对研发的机器人进行外壳构思、沏茶结构构思，包括整体结构及内部结构的构思；将整体结构及内部结构的构思进行草图绘制。

3. **工程设计**：机器人外壳、沏茶结构及部分零件的 3D 建模，控制 UNO 开发板工作需要用到的 Arduino 程序设计，控制树莓派开发板工作需要用到的 Python 程序设计。

教师活动：SolidWorks 3D 建模软件的使用、Arduino 程序编写、Python 程序编写、Arduino 开发板的使用、树莓派开发板的使用及各电子元件的使用，在技术上给予学生指导和帮助，并帮助学生解决出现的问题。

学生活动：将绘制的草图通过 SolidWorks 建模软件进行 3D 建模；将建好的 3D 模型进行分块打印；将分块打印的 3D 模型通过热熔胶进行模型拼装；根据机器人需要研发的功能进行电路设计；将买回来的电子元件、Arduino UNO 开发板、树莓派开发板等安装在 3D 打印的外壳里并进行电路连接；通过编写 Arduino 程序及 Python 程序让机器人工作。

4. **技术实验**：测试、修改及完善研发的机器人。

教师活动：组织学生测试研发的机器人，根据测试结果，组织学生进行讨论分析及寻求更完善的方案，做好实验数据记录和分析。

学生活动：在指导老师的指引下，对研发的机器人进行测试；通过测试结果进行讨论分析，继续修改及完善机器人的沏茶运动结构及整体运行程序；继续测试，直到机器人能实现需要研发的功能。

　　5. **展示成果**：演示及介绍机器人。

　　教师活动：组织学生展示制作的机器人。

　　学生活动：演示制作的沏茶机器人，并介绍机器人的工作原理、需要改进的地方及未来前景等。实物如图所示。

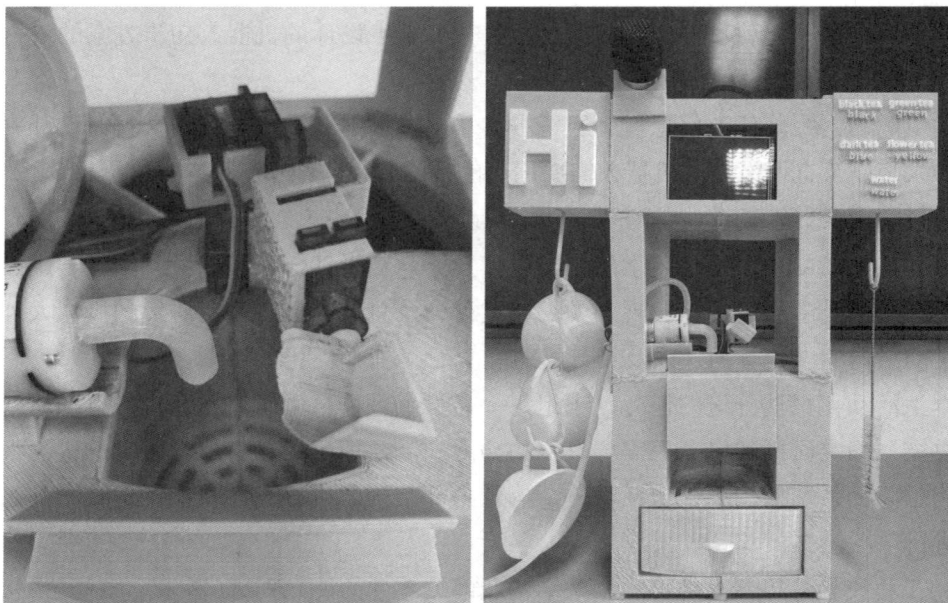

七、成绩记录

评价次数	评价人	创新点情况	结构完成情况	功能完成情况	备　注

八、学习评价

　　组织学生参加竞赛。

我的学习小伙伴"bear"
——语音识别篇教学案例

郑　旖

一、教学目标

（1）引导学生通过科学探索设计研发的机器人，培养学生的科学素养；

（2）引导学生探究机器人零部件的 3D 建模设计，引导学生通过 Python 编程探究通过 L298N 电机驱动板控制直流减速电机、探究 espeak 语音合成软件的使用、探究 PocketSphinx 语音识别系统的使用、探究通过 Pygame 模块设计简单表情包，引导学生通过万用电路板设计及制作传感器模块，培养学生的工程素养；

（3）引导学生通过技术实验，测试、修改及完善研发的机器人，培养学生的技术素养及数学素养；

（4）引导学生进行成果展示，培养学生学会总结及分享想法。

二、教学方法

讲授法、讨论法、实验法、启发法

三、教学流程

任务发布→科学探索→工程设计→技术实验→成果展示

四、计划任务及任务背景

AI 席卷全球，互联网、智能硬件的普及，改变了互联网的入口方式，语音成为了最简单的，最直接的交互方式，成为了通用的互联网输入模式。在技术和深度学习下，语音识别技术不断地完善，不断地登上新的高度。在本次项目中，我们计划的任务是设计一台语音识别机器人——我的学习小伙伴"bear"。

五、材料或器材的准备

树莓派开发板、显示屏、多种传感器及配件材料包、3D打印机及多种颜色的PLA材料、多种工具等。

六、教学过程

1. **任务发布**：确定需要研发的机器人。

教师活动：制作项目通告，根据小组每一名学生设计的机器人初步方案的可行性及创新性，选定需要研发的机器人的初步方案。

学生活动：明确任务信息，小组每一名学生通过网络和书籍查询资料，每人设计一款与主题相符的机器人，以及查询设计的机器人需要用到的技术及设备清单等。

2. **科学探索**：整体结构、内部结构及功能设计。

教师活动：给小组每一名学生分配设计任务。当设计任务完成后，主持学生展示绘制的草图，引导学生思考及发现问题。通过讨论及总结，最终确定研发的机器人的整体结构、内部结构的设计草图，以及具备的功能。

学生活动：根据分配的任务，小组每一名学生进行自主研究。通过各自的研究成果进行总结，确定研发的机器人需要具备的功能和需要用到的器材；对研发的机器人进行整体结构及内部结构的构思；将整体结构及内部结构的构思进行草图绘制。

3. **工程设计**：外壳及零件的 3D 建模、控制树莓派开发板工作需要用到的 Python 程序设计、传感器模块的设计及制作。

教师活动：组装机器人、SolidWorks 3D 建模软件的使用、Python 程序编写、树莓派开发板的使用及各电子元件的使用、万用电路板的焊接等，在技术上给予学生指导及帮助，并帮助学生解决出现的问题。

学生活动：组装机器人；将绘制的外壳及零件草图通过 SolidWorks 建模软件进行3D 建模；将建好的 3D 模型进行打印；将打印好的外壳及零件等通过螺钉、螺母、热熔胶等进行组装；根据需要研发的功能进行电路设计；将买回来的电子元件、树莓派开发板等进行安装及电路连接；通过编写 python 程序，让机器人工作。

4. **技术实验**：测试、修改及完善研发的机器人。

教师活动：组织学生测试研发的机器人，根据测试结果，组织学生进行讨论分析及寻求更完善的方案，做好实验数据记录和分析。

学生活动：在指导老师的指引下，对研发的机器人进行测试；通过测试结果进行讨论分析，继续修改及完善整体结构、内部结构、整体运行程序；继续测试，直到机器人能实现需要研发的功能。

5. **展示成果**：演示及介绍机器人。

教师活动：组织学生展示制作的机器人。

学生活动：演示研发的机器人，并介绍其工作原理、需要改进的地方及未来前景等。实物如图所示。

七、成绩记录

评价次数	评价人	创新点情况	结构完成情况	功能完成情况	备　注

八、学习评价

组织学生参加竞赛。

智能取纸机
——人脸识别篇教学案例

郑　旖

一、教学目标

（1）引导学生通过科学探索设计研发的机器人，培养学生的科学素养；

（2）引导学生探究机器人零部件的 3D 建模设计，引导学生通过 Python 编程探究控制舵机运动、探究通过超声波传感器检测距离、探究步进电机驱动板的使用、探究 IC 卡读写模块的使用、探究 Face Recognition 人脸识别库的使用，培养学生的工程素养；

（3）引导学生通过技术实验，测试、修改及完善研发的机器人，培养学生的技术素养及数学素养；

（4）引导学生进行成果展示，培养学生学会总结及分享想法。

二、教学方法

讲授法、讨论法、实验法、启发法

三、教学流程

任务发布→科学探索→工程设计→技术实验→成果展示

四、计划任务及任务背景

人脸识别是一项热门的计算机技术研究领域，基于人的脸部特征信息进行身份识别的一种生物识别技术。通过摄像头采集含有人脸的图像，并自动在图像中检测和跟踪人脸，进而对检测到的人脸进行识别。在本次项目中，我们计划的任务是设计一台人脸识别取纸机。

五、材料或器材的准备

树莓派开发板、显示屏、摄像头、多种传感器及配件材料包、3D 打印机及多种颜色的 PLA 材料、多种工具等。

六、教学过程

1. **任务发布**：确定需要研发的机器人。

教师活动：制作项目通告。根据小组每一名学生设计的机器人初步方案的可行性及创新性，选定需要研发的机器人的初步方案。

学生活动：明确任务信息。小组每一名学生通过网络和书籍查询资料，设计一款与主题相符的机器人，以及查询设计的机器人需要用到的技术及设备清单等。

2. **科学探索**：整体结构、内部结构及功能设计。

教师活动：给小组每一名学生分配设计任务。当设计任务完成后，主持学生展示绘制的草图，引导学生思考及发现问题。通过讨论及总结，最终确定研发的机器人的整体结构、内部结构的设计草图，以及具备的功能。

学生活动：根据分配的任务，小组每一名学生进行自主研究，通过各自的研究成果进行总结，确定研发的机器人需要具备的功能和需要用到的器材；对研发的机器人进行整体结构及内部结构的构思；将整体结构及内部结构的构思进行草图绘制。

3. **工程设计**：外壳及零件的 3D 建模、控制树莓派开发板工作需要用到的 Python 程序设计。

教师活动：组装机器人、SolidWorks 3D 建模软件的使用、Python 程序编写、树莓派开发板的使用及各电子元件的使用等，在技术上给予学生指导和帮助，并帮助学生解决出现的问题。

学生活动：组装机器人；将绘制的外壳及零件草图通过 SolidWorks 建模软件进行 3D 建模；将建好的 3D 模型进行打印；将打印好的外壳及零件等通过螺钉、螺母、热熔胶等进行组装；根据需要研发的功能进行电路设计；将买回来的电子元件、树莓派开发板等进行安装及电路连接；通过编写 Python 程序，让机器人工作。

4. **技术实验**：测试、修改及完善研发的机器人。

教师活动：组织学生测试研发的机器人，根据测试结果，组织学生进行讨论分析及寻求更完善的方案，做好实验数据记录和分析。

学生活动：在指导老师的指引下，对研发的机器人进行测试；通过测试结果进行讨论分析，继续修改及完善整体结构、内部结构、整体运行程序；继续测试，直到机器人能实现需要研发的功能。

5. **展示成果**：演示及介绍机器人。

教师活动：组织学生展示制作的机器人。

学生活动：演示研发的机器人，并介绍其工作原理、需要改进的地方及未来前景等。实物如图所示。

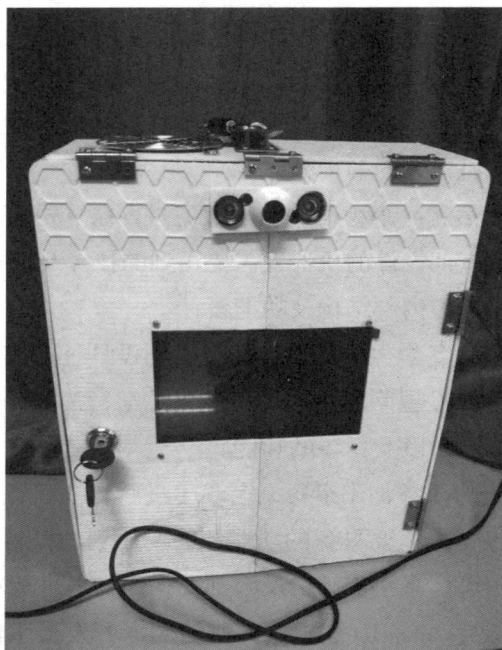

七、成绩记录

评价次数	评价人	创新点情况	结构完成情况	功能完成情况	备 注

八、学习评价

组织学生参加竞赛。

智能蔬果称重计价打包机
——物体识别篇（一）教学案例

郑　旖

一、教学目标

（1）引导学生通过科学探索设计研发的机器人，培养学生的科学素养；

（2）引导学生探究机器人零部件的 3D 建模设计，引导学生通过 Python 编程探究通过 GUI 的 Tkinter 模块制作按钮和界面、探究通过 HX711 压力传感器获得蔬果的重量、探究通过不干胶贴纸打印机打印计算的价格、探究通过 Google 开源 CNN 模型 Inception（v3）通过迁移学习方式训练自己的蔬果分类模型、探究通过 Google 开源深度学习系统 TensorFlow 调用训练的蔬果分类模型进行蔬果识别，培养学生的工程素养；

（3）引导学生通过技术实验，测试、修改及完善研发的机器人，培养学生的技术素养及数学素养；

（4）引导学生进行成果展示，培养学生学会总结及分享想法。

二、教学方法

讲授法、讨论法、实验法、启发法

三、教学流程

任务发布→科学探索→工程设计→技术实验→成果展示

四、计划任务及任务背景

物体检测是计算机视觉中的最常见应用之一，TensorFlow 是 Google 开源深度学习系统，被应用于多项机器深度学习领域，包括物体检测。通过使用 TensorFlow 运行训练的深层卷积网络模型，便可实现物体检测功能；Inception（v3）模型是 Google 发布的深层卷积网络模型，使用 Inception（v3）模型进行迁移学习可以简单快速地训练自己的模型。

在本次项目中，我们计划的任务是设计一台使用 Inception（v3）训练的模型进行自动识别蔬果种类并称重计价打包的机器人。

五、材料或器材的准备

树莓派开发板、显示屏、摄像头、多种传感器及配件材料包、3D 打印机及多种颜色的 PLA 材料、多种工具等。

六、教学过程

1. **任务发布**：确定需要研发的机器人。

教师活动：制作项目通告。根据小组每一名学生设计的机器人初步方案的可行性及创新性，选定需要研发的机器人的初步方案。

学生活动：明确任务信息。小组每一名学生通过网络和书籍查询资料，设计一款与主题相符的机器人，以及查询设计的机器人需要用到的技术及设备清单等。

2. **科学探索**：整体结构、内部结构及功能设计。

教师活动：给小组每一名学生分配设计任务。当设计任务完成后，主持学生展示绘制的草图，引导学生思考及发现问题。通过讨论及总结，最终确定研发的机器人的整体结构、内部结构的设计草图，以及具备的功能。

学生活动：根据分配的任务，小组每一名学生进行自主研究。通过各自的研究成果进行总结，确定研发的机器人需要具备的功能和需要用到的器材；对研发的机器人进行整体结构及内部结构的构思；将整体结构及内部结构的构思进行草图绘制。

3. **工程设计**：外壳及零件的 3D 建模、控制树莓派开发板工作需要用到的 Python 程序设计。

教师活动：组装机器人、SolidWorks 3D 建模软件的使用、Python 程序编写、树莓派开发板的使用及各电子元件的使用等，在技术上给予学生指导和帮助，并帮助学生解决出现的问题。

学生活动：组装机器人；将绘制的外壳及零件草图通过 SolidWorks 建模软件进行 3D 建模；将建好的 3D 模型进行打印；将打印好的外壳及零件等通过螺钉、螺母、热熔胶等进行组装；根据需要研发的功能进行电路设计；将买回来的电子元件、树莓派开发板等进行安装及电路连接；通过编写 Python 程序，让机器人工作。

4. **技术实验**：测试、修改及完善研发的机器人。

教师活动：组织学生测试研发的机器人，根据测试结果，组织学生进行讨论分析及寻求更完善的方案，做好实验数据记录和分析。

学生活动：在指导老师的指引下，对研发的机器人进行测试；通过测试结果进行讨论分析，继续修改及完善整体结构、内部结构、整体运行程序；继续测试，直到机器人能实现需要研发的功能。

5. **展示成果**：演示及介绍机器人。

教师活动：组织学生展示制作的机器人。

学生活动：演示研发的机器人，并介绍其工作原理、需要改进的地方及未来前景等。实物如图所示。

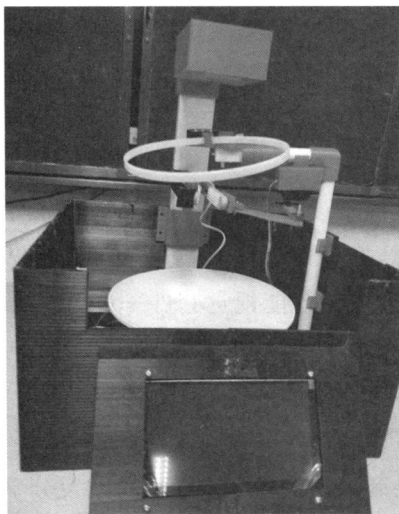

七、成绩记录

评价次数	评价人	创新点情况	结构完成情况	功能完成情况	备 注

八、学习评价

组织学生参加竞赛。

道路清洁分类机器人
——物体识别篇（二）教学案例

郑　旖

一、教学目标

（1）引导学生通过科学探索设计研发的机器人，培养学生的科学素养；

（2）引导学生探究机器人零部件的 3D 建模设计，引导学生通过 Python 编程探究轮毂电机驱动板的使用、探究人工智能视觉套件——角蜂鸟的使用、探究通过角蜂鸟训练自己的垃圾分类模型、探究通过 OpenCV 视觉库实现巡线功能，培养学生的工程素养；

（3）引导学生通过技术实验，测试、修改及完善研发的机器人，培养学生的技术素养及数学素养；

（4）引导学生进行成果展示，培养学生学会总结及分享想法。

二、教学方法

讲授法、讨论法、实验法、启发法

三、教学流程

任务发布→科学探索→工程设计→技术实验→成果展示

四、计划任务及任务背景

角蜂鸟是一款嵌入式视觉开发套件，搭载了卷积神经网络（CNN）引擎，可实现人脸检测、人脸识别，物体检测等图像处理功能。因其使用方法简单，为嵌入式人工智能开发者提供了非常大的便利。在本次项目中，我们计划的任务是设计一台通过角蜂鸟进行物体检测实现垃圾分类功能的道路清洁分类机器人。

五、材料或器材的准备

树莓派开发板、显示屏、角蜂鸟人工智能视觉套件、摄像头、多种传感器及配件材料包、3D 打印机及多种颜色的 PLA 材料、多种工具等。

六、教学过程

1. 任务发布：确定需要研发的机器人。

教师活动：制作项目通告。根据小组每一名学生设计的机器人初步方案的可行性及创新性，选定需要研发的机器人的初步方案。

学生活动：明确任务信息。小组每一名学生通过网络和书籍查询资料，设计一款道路清洁分类机器人，以及查询设计的机器人需要用到的技术及设备清单等。

2. 科学探索：整体结构、内部结构及功能设计。

教师活动：给小组每一名学生分配设计任务。当设计任务完成后，主持学生展示绘制的草图，引导学生思考及发现问题。通过讨论及总结，最终确定研发的机器人的整体结构、内部结构的设计草图，以及具备的功能。

学生活动：根据分配的任务，小组每一名学生进行自主研究。通过各自的研究成果进行总结，确定研发的机器人需要具备的功能和需要用到的器材；对研发的机器人进行整体结构及内部结构的构思；将整体结构及内部结构的构思进行草图绘制。

3. 工程设计：部分零件的 3D 建模、控制树莓派开发板工作需要用到的 Python 程序设计、有机玻璃板开孔及切割。

教师活动：组装机器人、SolidWorks 3D 建模软件的使用、Python 程序编写、树莓派开发板的使用及各电子元件的使用、通过 CorelDraw 软件绘制图形、通过激光雕刻机切割有机玻璃板及图形孔等。在技术上给予学生指导和帮助，并帮助学生解决出现的问题。

学生活动：组装机器人；将绘制的电子元件支架草图通过 SolidWorks 3D 建模软件进行 3D 建模；将建好的 3D 模型进行打印；将打印好的电子元件支架、切割好的有机玻璃板、角铁等通过螺钉、螺母进行组装；根据需要研发的功能进行电路设计；将买回来的电子元件、树莓派开发板等进行安装及电路连接；通过编写 Python 程序，让机器人工作。

4. 技术实验：测试、修改及完善研发的机器人。

教师活动：组织学生测试研发的机器人。根据测试结果，组织学生进行讨论分析及寻求更完善的方案，做好实验数据记录和分析。

学生活动：在指导老师的指引下，对研发的机器人进行测试；通过测试结果进行讨论分析，继续修改及完善整体结构、内部结构、整体运行程序；继续测试，直到机器人能实现需要研发的功能。

5. **展示成果**：演示及介绍机器人。

教师活动：组织学生展示制作的机器人。

学生活动：演示研发的机器人，并介绍其工作原理、需要改进的地方及未来前景等。实物如图所示。

七、成绩记录

评价次数	评价人	创新点情况	结构完成情况	功能完成情况	备　注

八、学习评价

组织学生参加竞赛。

发射卫星积木机器人的拼搭与调试
教学案例

王　敏

一、教学目标

（1）引导学生了解积木机器人的机械结构，培养科学素养；

（2）指导学生掌握控制器和马达的组装方法，培养工程素养；

（3）引导学生掌握积木机器人手臂的搭建方法以及搭建技巧，培养技术素养；

（4）学习利用 VJC 编程平台进行编程，培养数学素养和工程素养；

（5）掌握调试积木机器人的方法，培养技术素养。

二、教学方法

讲授法、实践操作法、头脑风暴法

三、教学流程

科学知识介绍→机器人制作→基础知识介绍→调试机器人训练→机器人比赛

四、计划任务及其任务背景

（一）计划任务

本节课的任务是根据学校提供的器材，按搭建手册搭建发射卫星任务模型，能够掌握积木机器人搭建和调试的方法。学校提供的器材是根据第十八届中国青少年机器人竞赛 WER 工程创新赛主题与规则，选用省相关赛事的指定的器材制作，外形如图 1 所示。

图1

（二）任务背景

WER 工程创新赛是中国青少年机器人竞赛项目之一，这项赛事目的是检验青少年对机器人技术的理解和掌握程度，通过充满科学性、创新性、趣味性、竞技性、变化性、探索性的竞赛，激发我国青少年对机器人技术的兴趣，培养理论联系实际、动脑动手的能力。

五、材料或器材的准备

准备搭建卫星发射架的零件清单和机器人小车的套装零件，如图 2 所示。

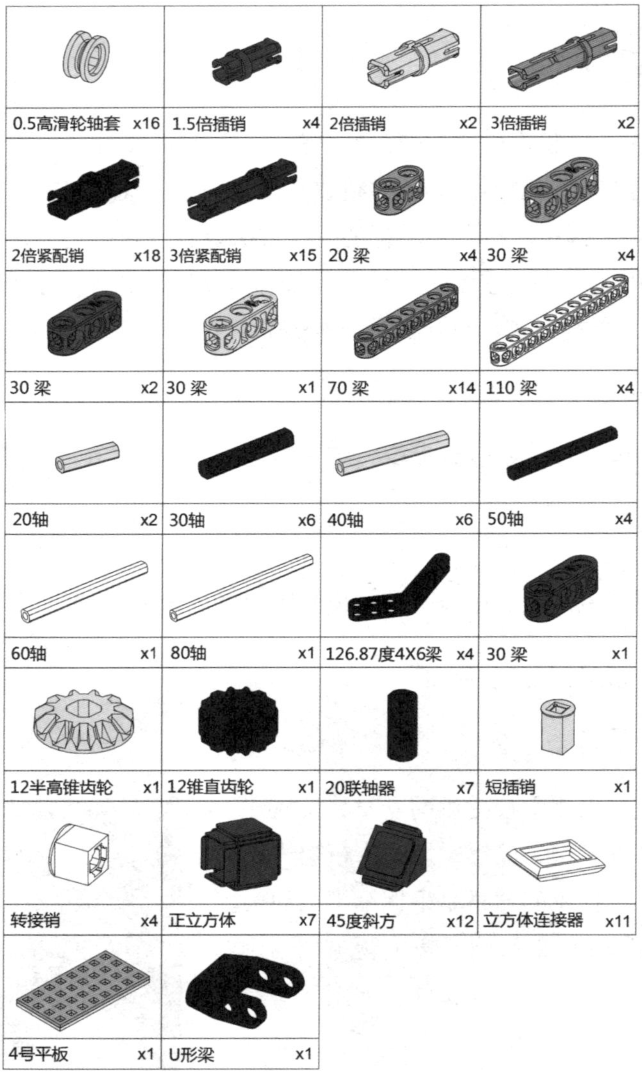

图 2

六、教学过程

（一）介绍学习目标

（1）了解有关积木机器人的机械结构；

（2）掌握控制器和马达的组装方法；

（3）探究积木机器人手臂的搭建方法以及搭建技巧；

（4）学习利用 VJC 编程平台进行编程；

（5）掌握调试积木机器人的方法。

（二）积木机器人机械结构和 VJC 编程环境介绍（体现科学）

问题 1：你知道积木机器人的机械结构吗?

积木机器人的机械结构主要分为积木、传感器、控制器和马达四个模块，传感器、控制器和马达是搭建机器人的核心板块，而积木板块是搭建任务模型和机器人手臂的主要组成部分，主要分为梁、轴、栓和齿轮。

问题 2：你了解 VJC 编程环境吗?

机器人完成任务是首先需要导入程序到机器人，然后再不断调试机器人的行走路径和动作。而 VJC 编程环境则是我们编写程序的软件平台，里面分为模块库、程序编辑窗口和 JC 代码栏。

（三）发布任务

利用提供的器材搭建一个卫星发射架，并作适当的调试，使预设的任务可以顺利进行。此处展示部分搭建示意图，如图 3 至图 6 所示。

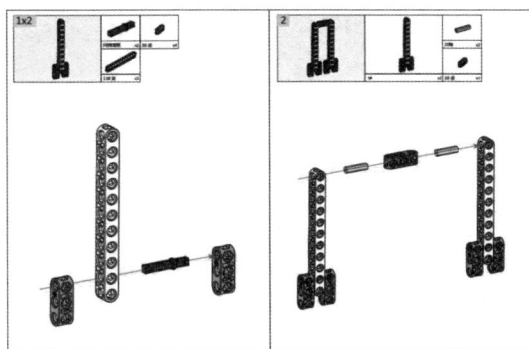

图 3

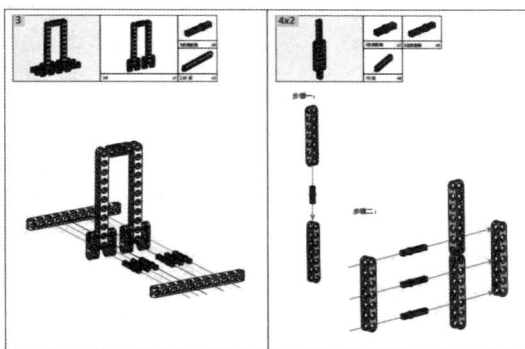

图 4

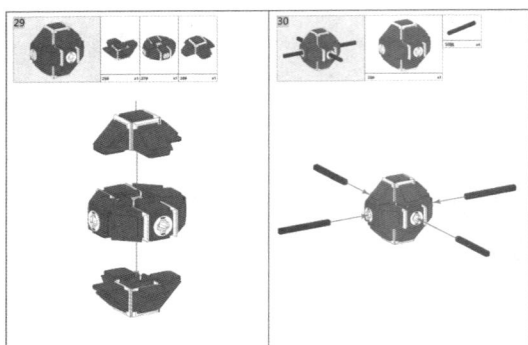
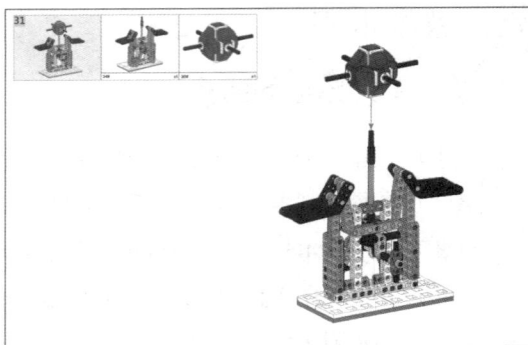

图 5   图 6

（四）卫星发射架的搭建（体现工程）

按积木机器人的搭建说明书搭建 40 分钟后，教师提示制作要点，规定时间不超过80 分钟。

问题 3：如何搭建完成卫星发射架的机器人手臂？

引导学生思考完成发射卫星任务的手臂设计需要什么零件；组织学生设计并搭建机器人手臂。小组交流、展示较好的作品。介绍一些常用的搭建机器人手臂的方法。

（五）编程与调试（体现技术）

老师拿一个搭建好的机器人，如图 7 所示，演示编程和调试程序的过程。

问题 4：什么因素会影响机器人在巡线过程中偏离原本路线？

问题 5：为什么成功调试完程序后再运行还是会出错？

问题 6：机器人小车的舵机连接在哪个接口？

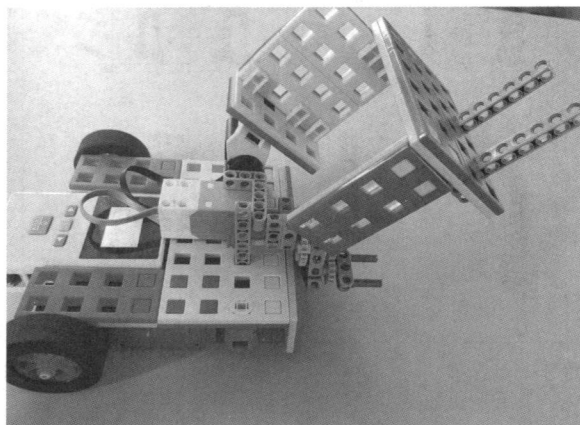

图 7

（六）比赛方法（体现数学）

1. 任务及得分

比赛任务分为预设任务和附加任务。预设任务的内容在本规则中公布，但其模型位置、方向是可以变化的，在赛前准备时公布；附加任务只在赛前准备时公布，参赛队员应根据赛前公布的内容在现场设计机器人结构和编制控制程序。以下描述的预设任务只是对生活中的某些情景的模拟，切勿将它们与真实生活对号入座或相提并论。

2. 介绍比赛规则

（1）机器人必须从一层基地出发，进入二层场地，否则不可进行二层场地的任务。

（2）只要机器人进入二层场地，且其正投影完全在二层场地内，可得 40 分。

（3）发射卫星任务说明场地上放置有一个卫星模型，转柄竖直，如图 8 所示。

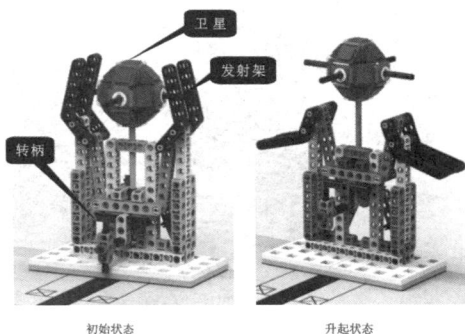

图 8

对于小学组来说，机器人使卫星升起，脱离保护架，卫星底部高于发射架，可得40分；对于初中、高中组来说，机器人使卫星升起，脱离保护架，并且使卫星明显转动起来（一圈以上），可得60分，否则不得分。

3. 进行比赛

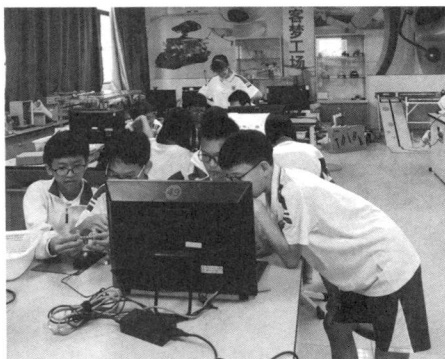

图 9　搭建模型

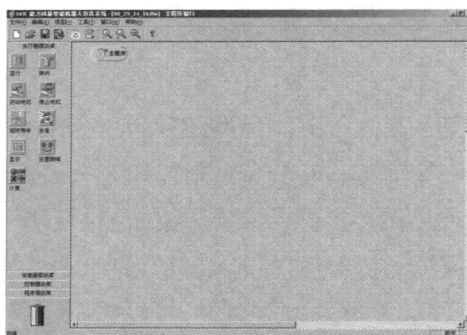

图 10　编写程序

图 11　调试程序

4. 成绩记录

记录各小组完成任务的难度（低难度和高难度）和时间。

姓　名	第一次	第二次

七、学习评价

口头表扬、奖励物品。

智能家居的设计与制作教学案例
——以会报警的建筑模型为例

刘 佳

一、教学目标

（1）帮助学生了解传感器和报警装置的原理；

（2）探究简易报警装置和建筑模型的制作方法，培养技术素养；

（3）学会绘制平面设计图，培养其工程思维；

（4）简单的编程语言，训练逻辑思维；

（5）学习科技文章的撰写方法。

二、教学方法

讲授法、实践操作法、探究法

三、教学流程

建筑模型制作方法介绍→示范使用切割工具→三绘图绘制方法介绍→建筑模型制作项目书撰写→建筑模型创新设计（智能家居创新设计）→介绍传感器原理，着重讲解 TTP223 触摸传感器和热释电红外线传感器的原理及使用方法→学习简单的编程语言并讲解 Arduino nano 板的使用→连接线路并与建筑外壳结合→测试、修改及完善研发的智能家居建筑模型

四、计划任务及任务背景

（一）计划任务

根据课程安排，以 4～8 人小组或个人为单位制作建筑模型并写项目书。建筑模型的制作注重创新设计，计划安排创客小组的学生为一个小组，为后续智能家居的创新设计做准备。课时安排为 4 节课。

（二）任务背景

基于我校课程设置，再结合"共筑家园"全国青少年建筑模型竞赛的要求，在通用技术老师的指导下以及学校科技实验室老师的帮助下，对评选出的最具创意建筑模型加以改善，用于参赛。学生在该过程将科学、技术、工程、数学融为一体，有利于培养学生的创新意识和将理论应用于实际的能力。

五、教学材料及工具的准备

（1）建筑外壳：轻质木板、模型木棍、5 mm 雪弗板，模型贴纸、白乳胶、木锯、砂纸、刻刀、刻度尺、颜料、水粉刷、胶枪、激光切割雕刻机等。

（2）报警系统：电源，Arduino Nano 板和扩展槽各 1 块，人体红外传感器 1 个、蜂鸣器 1 个、触摸传感器 1 个、RGB 彩灯 1 个，杜邦线若干。

（3）奖品等。

六、教学过程

（一）介绍学习目标

（1）你知道建筑模型的制作流程吗？

（2）你了解传感器的原理吗？

（3）要同时实现声光报警，需要哪些传感器和电子元件？

（4）从硬件上就能实现声光报警吗？如果不能，请画出编程逻辑流程图。

（5）你能写出建筑模型制作的分析报告吗？（包括材料、制作比例、步骤、小组成员及分工、制作进度、三视图、制作过程照片、创新点说明与实现方案、成果展示）

（二）传感器原理介绍（体现科学）

老师拿着一个传感器演示盒，给同学们演示传感器的工作原理。

问题1：你知道建筑模型的制作流程吗？

1. 模型设计（此处体现工程思维的培养）

上网查找建筑模型立体图，在纸上画出对应的三视图，将整个模型分解成几个部分，并列举每一个部分所需的材料。初中数学学过三视图，但是主要是针对规则的几何图形，对不规则的几何图形的三视图不够熟悉，可以鼓励同学们上网搜索，按照一定的比例尺画出该建筑模型的三视图。每一部分的材料可上网购买，或者废物利用。整个过程也就完成了模型设计。

高一（7）班某小组同学电脑绘制的建筑模型立体图及三视图如下：

立体图

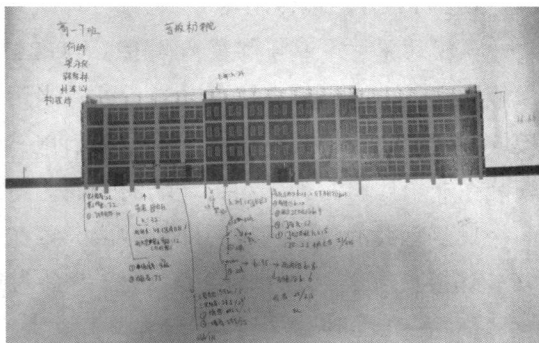

正视图

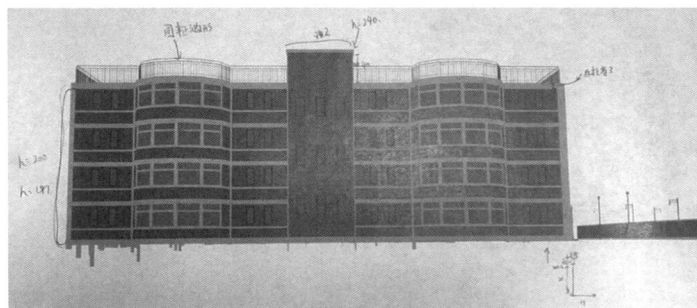

侧视图

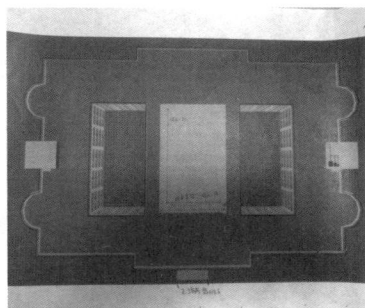

俯视图

同学们可以根据自己所喜欢的建筑模型，按照一定的比例尺绘制上图所示的三视图。

2. 制作建筑模型（此处体现工程素养的培养）

（1）根据自己的设计制作建筑模型

老师指导学生购买模型制作所需材料，学校建筑模型室提供勾刀、手锯、刻刀、砂纸、刻度尺等制作工具，教师示范使用木锯、刻刀等危险工具，强调安全。对于一些精确度较高的模型板块，在教师的帮助下可以使用激光雕刻机。从设计到制作完成计划一个月的时间，其中包含四节通用技术课的时间。

（2）智能家居创新设计

如今正是智能家居高速发展的时期，同学们建筑模型中进行创新设计，比如说声控开关、报警系统等，这里主要涉及传感器的使用。

问题 2：你了解传感器的原理吗？

现代技术中，传感器是指这样一类元件：它们能感受到诸如力、温度、光、声、红外线、化学成分等物理量，并能把它们按照一定规律转换为便于传送和处理的另一个物理量或转化为电路的通断。

问题 3：要同时实现声光报警，需要哪些传感器和电子元件？

1. TTP223 触摸传感器

该模块是一个基于触摸检测 IC（TTP223）的电容式点动型触摸开关模块。常态下，模块输出低电平，模式为低功耗模式；当用手指触摸相应位置时，模块会输出高电平，模式切换为快速模式；当持续 12 s 没有触摸时，模式又切换为低功耗模式。可以将模块安装在非金属材料如塑料、玻璃的表面，另外将薄薄的纸片（非金属）覆盖在模块的表面，只要触摸的位置正确，即可做成隐藏在墙壁、桌面等地方的按键。管脚信号说明：VCC 外接直流 2 ~ 5.5 V，GND 接地，SIG 为数字信号输出脚。

2. **热释电红外线传感器**

热释电红外传感器是一种能检测人或动物身体发射的红外线而输出电信号的传感器。热释电传感器是对温度敏感的传感器。它由陶瓷氧化物或压电晶体元件组成，在元件两个表面做成电极，在传感器监测范围内温度有 ΔT 的变化时，热释电效应会在两个电极上会产生电荷 ΔQ，即在两电极之间产生一微弱的电压 ΔV。由于它的输出阻抗极高，在传感器中有一个场效应管进行阻抗变换。热释电效应所产生的电荷 ΔQ 会被空气中的离子所结合而消失，即当环境温度稳定不变时，$\Delta T=0$，则传感器无输出。当人体进入检测区，因人体温度与环境温度有差别，产生 ΔT，则有 ΔT 输出；若人体进入检测区后不动，则温度没有变化，传感器也没有输出了。所以这种传感器检测人体或者动物的活动传感。输出接口为 3 线系统即 GND、OUT、VCC，按照示意图连接好，当给模块加上电后，有人或动物在模块 7 米范围内活动，OUT 即可输出高电平触发被控单元。无信号时 OUT 输出低电平（0.4 V 左右）。

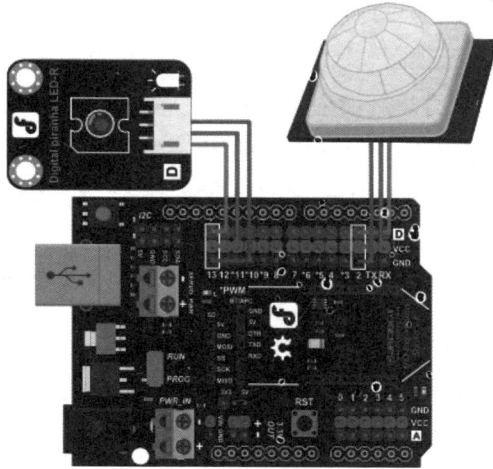

问题 4：从硬件上就能实现声光报警吗？如果不能，请画出编程逻辑流程图。

通电后，当有人靠近建筑模型时，灯变幻闪亮，当有人触碰建筑模型时，发出声音报警。同学们想一下要如何实现呢？从硬件上能不能实现？引导学生在软件上实现该功能。

Arduino Nano 板的使用需要一定的基础，教师讲解 Arduino Nano 板的使用的基本方法，在 Arduino Nano 板上加载程序，此处需教学生简单的编程。（体现逻辑思维的培养）

使用方法：

1. 下载arduino的IDE

下载地址：http://arduino.cc/en/Main/Software（复制打开）

2. 下载USB芯片驱动

下载地址：http://wch.cn/downloads.php?name=pro&proid=65

国外客户下载地址：http://www.wch-ic.com/download/list.asp?id=126

3. 插上NANO开发板，驱动会自动安装

4. 在die里面选择板卡 NANO

5. 选择COM端口，这个可以在我的电脑里查询，刚刚你的uno开发板里面端口

/* 触摸传感器：2，人体红外传感器：3，蜂鸣器：4，电机：5，6，RGB 灯：R：8，G：9，B：10

功能：通电后控制风车的电机开始转动，当有人靠近装置时，灯变幻闪亮；当有人触碰建筑时，发出声音报警。

问题 5：你能写出建筑模型制作的分析报告吗？（包括材料、制作比例、步骤、小组成员及分工、制作进度、三视图、制作过程照片、创新点说明与实现方案、成果展示）。

教师展示往届学生所做的建筑模型，在最后一节课中评选出建筑模型设计范本、建筑模型制作范本、综合最优作品、最具创意的作品。

在制作过程中，要求学生将制作过程撰写下来，最终教师可评选出最佳工程报告。

1. 评价标准

考核内容	评分标准	分　值
比例精确：考核学生能否精确缩放比例，并绘制建筑三视图	1. 比例正确 2. 三视图设计合理、作图规范	20
精细程度：考核学生板块切割、板块拼接的能力	1. 板块切割精细 2. 板块拼接精细	30
视觉效果：考核学生各种材质的模仿能力和细部装饰的能力	1. 模型表面及细部装饰美观	20
创意设计：考核学生对模型功能、构造的创新能力	1. 结构设计新颖 2. 与现代技术相结合，体现智能家居	30

2. 评价得分

	比例精确 （20分）	精细程度 （30分）	视觉效果 （20分）	创意设计 （30分）	得　分	评价人
学生自评						
学生互评						
教师评价						
最终得分 = 自评得分 ×20%+ 互评得分 ×30%+ 师评得分 ×50%						

七、科技制作文章的撰写

任务布置：请各位同学把自己的制作过程用文字记录下来，写成一篇科技小文章。最终教师可评选出最佳文章。

无动力纸飞机的制作与飞行教学案例

袁 杰

一、教学目标

（1）引导学生了解有关纸飞机飞行的原理，培养科学素养；

（2）探究纸飞机直线飞行最远距离的折叠方法及飞行技巧，培养技术素养；

（3）简单工程图的绘制，培养工程思维和数学素养；

（4）学习科技制作文章的撰写方法，培养科学素养。

二、教学方法

讲授法、实践操作法、探究法

三、教学流程

飞行原理介绍→纸飞机折叠→试飞→飞机折叠图的绘制→再次试飞→飞行比赛→飞机制作及飞行过程文章的撰写

四、计划任务及任务背景

（一）计划任务

本课的计划是每名同学折叠出 1～2 架纸飞机，并能够通过手掷飞出去。全班同学的纸折纸飞机折成后，再进行纸飞机直线距离的比赛，看谁折的飞机飞行得更远。本课还有一个重要的活动，就是能够把自己所折叠的纸飞机绘制出来，作为工程设计的一个起步。另外还需要同学们把活动的过程记录下来，像撰写论文那样，把折叠、调试、飞行的过程写下来。

（二）任务背景

本项目是全国纸飞机嘉年华的比赛项目之一，每年比赛参与的人也最多。作为最容易上手的科普项目之一，纸飞机所需要的材料易得，折叠方法多样。但纸飞机如何飞得更远却包含了科学的原理和技术的应用。通过这个活动，能够培养同学们科学探究的素养。

纸飞机是一种用纸做成的玩具飞机。由于它是最容易掌握的一种折纸类型，所以深受初学者乃至高手的喜爱。最简单的纸飞机折叠方法只需要 6 步就可以完成。同时，"纸飞机"这个词也包括那些用纸板做成的飞机。

五、教学材料及工具的准备

（1）A4 纸每人 4 张，尺子、回形针、剪刀、胶带及其他你认为对制作纸飞机有帮助的材料、秒表或其他计时器；

（2）折好的飞机模型、纸飞机图纸；

（3）奖品等。

六、教学过程

（一）介绍学习目标

（1）知道纸飞机的飞行原理；

（2）掌握纸折纸飞机的 2 种以上折叠方法；

（3）能绘制纸折纸飞机制作的工程图；

（4）能通过调节纸飞机的机翼来改变飞机的飞行距离；

（5）撰写一篇有关纸飞机制作与飞行的论文。

（二）无动力纸飞机的飞行原理介绍（体现科学）

老师拿出一架制作好的纸飞机向前掷出，飞机能飞行。

问题 1：你知道纸飞机的飞行原理吗？

纸飞机是一种用纸通过物理方法折出的飞机。属于无动力滑行飞行方式，在给予初始投掷之力度后，纸飞机靠惯性往前飞行，翼面切割空气，由翼面上下两面的空气流速不同而导致压强不同，使得翼面上下两面而产生压力差而把飞机托起，因飞机具有一定的初速度而维持滑翔。一般纸飞机折叠的机翼对称，机身小翅膀大，翼面会产生压差，可以产生向上的升力，这样就可以滑行较长时间，当上翼面压力大于下翼面时，就会坠落掉到地上。

问题 2：如何利用最常见的纸制作一架最简单的飞机？

（1）准备一张 A4 或者或其他长方形的纸。

（2）沿着纸张中间折一道折痕，然后再打开。

（3）两个角对折成三角形。

（4）纸张 1/2 的中心线上下对折。

（5）然后再对折成三角形。

（6）把超出来的那个小三角，折回来。

（7）左右中心对折，每一边画一条角平分线，沿着这一条线对折，飞机折叠完成！

（三）绘折叠纸飞机的过程（体现工程素养的培养）

问题 3：你能设计制作飞机的图纸吗？

问题 4：给你一张 A4 纸，你能制作出纸飞机吗？

让学生绘制整个折叠的过程。

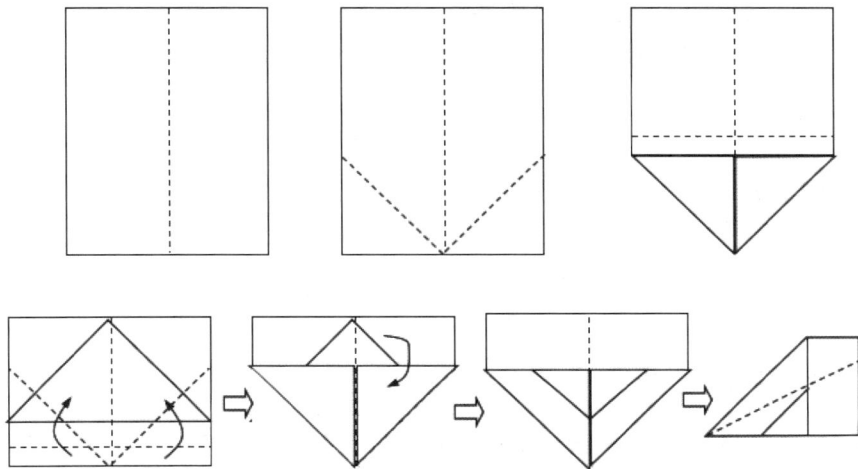

在规定的时间内折叠好纸飞机后，学生可以与周围的同学之间相互交流，看看自己所折的纸飞机与其他人所折的纸飞机有什么不同。

（四）试飞与调整（体现技术）

老师拿出一个制作好的纸飞机，演示飞行过程。或者请学生表演飞行过程。

将学生分为 4 个组，分别试飞。

问题 5：飞机飞行的远近与哪些因素有关？如何让飞机飞行得更远？

问题 6：纸飞机的两边是否一定要对称？不对称飞得远吗？

通过试飞，对飞机距离较近的飞机进行必要的改良，让它们飞行得更远。

问题 7：为什么你的飞机总是机头朝下坠地？

问题 8：为什么你的飞机不是沿直线飞行？如何调整？

问题 9：你觉得真正的飞机有垂直尾翼和水平尾翼的原因是什么？

问题 10：飞机的升降舵在哪儿？在飞行的过程中哪些地方用到升降舵？

老师对折叠好的飞机进行一些必要的调整。比如说，将机翼尾部往上翘或往下翘，在某一边加一个别针等。

在绘制好自己的飞机后，把试飞过程中出现的问题记录下来，并把调节飞机尾翼的整个过程记录下来。

（五）纸飞机的飞行记录

（1）所有的同学尽可能将飞机水平掷出，飞机离开手时，距离地面的高度也基本相同，用皮尺测量出飞机飞行的水平距离。

（2）同一个人，两次用不同的速度将飞机掷出，使其飞行，记录好飞机飞行的距离。

（3）用秒表测量出飞机飞行的时间。

（4）多次飞行，让同学们拿出自己的最好成绩来。

（六）纸飞机的飞行评价

1. 相似度评价

评分标准：

一点也不像，得 0 分；不是很像，得 1 分；基本像，得 2 分；一模一样，得 3 分。

评价人：_____ 分数：_____

2. 飞机飞行的记录与评价

评价次数	评价人	水平距离（单位：m）	竖直高度（单位：m）	备 注

3. 评选最佳射手

（1）评选出纸飞机比赛中直线距离最长的作品。

（2）评选出纸飞机比赛中留空时间最长的作品。

七、纸飞机制作文章的撰写

任务布置：请各位同学把自己的制作过程用文字记录下来，写成一篇科技小文章。最终教师可评选出最佳文章。

纸质弹射滑翔机的制作与飞行教学案例

袁 杰

一、教学目标

（1）指导学生学习有关飞机飞行的原理，培养科学素养；

（2）指导学生制作纸质弹射滑翔机，培养技术素养；

（3）掌握通过机翼改变纸质弹射滑翔机留空时间的方法，培养工程素养；

（4）掌握纸质弹射滑翔机的竞赛方法，培养科技体育竞技精神。

二、教学方法

讲授法、实践操作法、讨论法

三、教学流程

科学知识介绍→模型制作→飞行介绍→飞行训练→飞行比赛

四、计划任务及任务背景

（一）计划任务

本节课的任务是根据学校提供的器材，按说明书制作纸质弹射机，能够掌握调整滑翔机留空时机的方法。学校提供的器材是根据关于举办 2018 年全国航空模型公开赛（广州站）暨纸飞机嘉年华"放飞梦想"全国青少年纸飞机通讯赛（南区）选拔赛竞赛规程，选用省相关赛事的指定的器材制作，外形如图 1 所示。

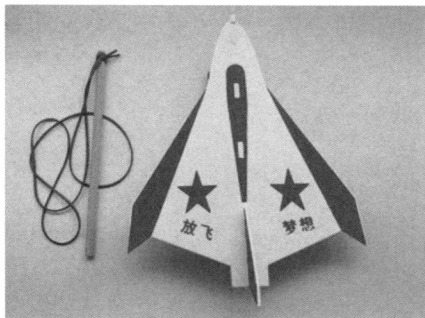

图 1

（二）任务背景

纸质弹射滑翔机留空时间赛是广东省航空航天模型比赛的一个项目，这项赛事门槛低、原理简单、制作容易，但趣味性强、安全性能高。这有利于启发学生对航空航天知识的探究，有利于开发学生的科学思维，培养学生的探究能力。

五、材料或器材的准备

模型器材参数：模型的材料为魔术板，翼展尺寸 190 mm（±5 mm），机长 250 mm（±5 mm），机高 81 mm（±5 mm），起飞重量 ≤ 10 克。

六、教学过程

（一）介绍的学习目标

（1）理解飞机飞行的原理；
（2）学会制作纸质弹射滑翔机；
（3）知道通过调整机翼来改变纸质弹射滑翔机留空时间；
（4）了解纸质弹射滑翔机的竞赛方法。

（二）飞机原理介绍（体现科学）

问题 1：你知道飞机的飞行原理吗?

当飞机受到向前的弹射力后，高速向前飞行，由于飞机上下表面压强差，产生向上的升力使得飞机上升。要增加飞机的留空时间，得找正重心位置、优化形状、增加储能。

（三）发布任务

利用提供的器材制作一架纸质弹射滑翔机，并做适当的调试，使纸质弹射滑翔机飞行的时间尽可能长。

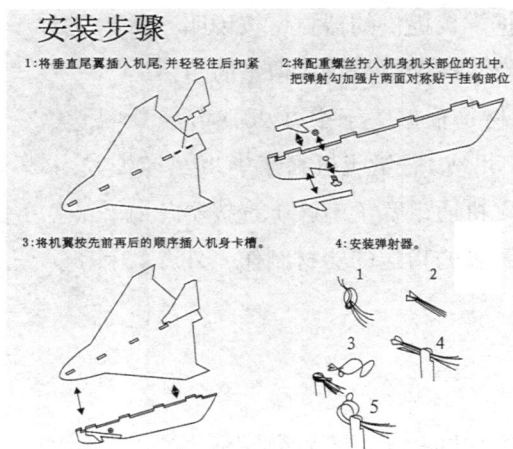

安装步骤

1：将垂直尾翼插入机尾，并轻轻往后扣紧。
2：将配重螺丝拧入机身机头部位的孔中，把弹射勾加强片两面对称贴于挂钩部位。
3：将机翼按先前再后的顺序插入机身卡槽。
4：安装弹射器。

（四）纸质弹射滑翔机的制作（体现工程）

按飞机上的说明书制作 10 分钟后，教师提示制作要点。规定时间不超过 20 分钟。

问题 2：在滑翔机的制作过程要注意什么问题？

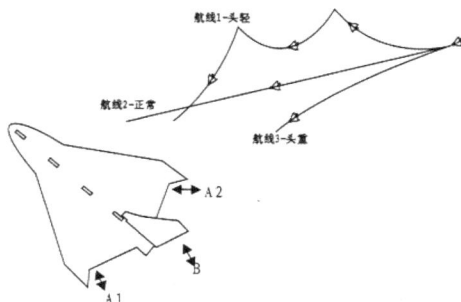

飞行说明

1.一手持机身尾部，另一手持弹射棒，飞机翼面向外侧倾斜，将飞机向上弹出。
飞机螺旋上升，并在最高点改平进入滑翔状态。
2.调整飞机
如果机头过轻（航线1）--将机翼中 A1、A2 同时轻微向下调节，直到飞机平稳飞行为止。
如果机头过重（航线3）--将机翼中 A1、A2 同时轻微向上调节，直到飞机平稳飞行为止。
如果飞机严重偏右（或左）--将垂直尾翼B轻微向左（或右）弯曲。

（五）试飞与调整（体现技术）

老师拿出一个制作好的弹射滑翔机，演示弹射飞行过程。

问题 3：滑翔机留空时间不够长，如何调整？

问题 4：在调整滑翔机的过程中，能通过贴纸或挂件来增加滑翔机的留空时间吗？

问题 5：滑翔机的两边是否一定要对称？

（六）比赛方法（体现数学）

1. 介绍比赛规则

（1）制作时间：15 分钟。

（2）选手需自备工具，在规定时间内完成 1~2 架模型飞机的制作与调试，允许使用胶水或胶带进行粘连。

（3）参赛选手在指定区域或离裁判员 10 米以外放飞模型，模型出手即为正式飞行，模型着陆停止前进则中止计时。

2. 进行比赛

（1）学生制作

（2）学生试飞

（3）学生调试滑翔机

（4）学生调试滑翔机

3. 成绩记录

记录各小组模型飞行的留空时间。

姓　　名	第一次	第二次

七、学习评价

口头表扬、飞机奖励。

"天鸥"橡筋动力直升机的制作与飞行教学案例

刘结平

一、教学目标

（1）指导学生学习橡筋动力直升机的飞行原理，培养科学素养；

（2）指导学生制作橡筋动力直升机，培养技术素养；

（3）探究让模型飞机飞得更久、留空时间更长的方法，培养工程素养；

（4）指导学生掌握"天鸥"橡筋动力直升机的竞赛方法，培养其数学素养。

二、教学方法

讲授法、实践操作法、讨论法

三、教学流程

科学知识介绍→模型制作→飞行介绍→飞行训练→飞行比赛

四、计划任务及任务背景

（一）计划任务

本节课的任务是根据学校提供的器材，按说明书制作"天鸥"橡筋动力直升机，能够掌握调整橡筋动力直升机留空时机的方法。学校提供的器材是根据关于举办2018年全国航空模型公开赛(广州站)暨纸飞机嘉年华"放飞梦想"全国青少年纸飞机通讯赛（南区）选拔赛竞赛规程，选用省相关赛事的指定的器材制作，外形如图1所示。

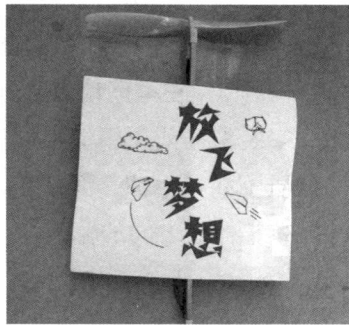

图1

（二）任务背景

"天鸥"橡筋动力直升机留空时间赛是广东省航空航天模型比赛的一个项目，这项赛事门槛低、原理简单、制作容易，但趣味性强、安全性能高。这有利于启发学生对航空航天知识的探究，有利于开发学生的科学思维，培养学生的探究能力。

五、器材的准备

采用"天鸥"橡筋动力直升机。

六、教学过程

（一）介绍学习目标

（二）飞机原理介绍（体现科学）

问题 1：你知道橡筋动力直升机的飞行原理吗？

橡筋具有弹性，当我们把橡筋转动起来后，改变了橡筋的形状，当我们松开手时，橡筋在恢复原形时产生了弹力，从而带动螺旋桨转动。螺旋桨旋转时，桨叶不断把大量空气向后推去，在桨叶上产生向前的力，即推进力，从而产生一个向上的升力。

（三）发布任务

（1）正确组装一架橡筋动力直升机；

（2）正确测量橡筋动力直升机留空时间；

（3）尝试多次试飞并不断调试橡筋动力直升机，找出延长橡筋动力直升机留空时间的方法和操作。

（四）橡筋动力直升机的制作（体现工程）

按飞机上的说明书制作，制作 10 分钟后，教师提示制作要点。规定时间不超过 20 分钟。

问题 2：在橡筋动力直升机的制作过程要注意什么问题？

安装橡筋前先用清水反复将橡筋清洗干净，然后用纸巾将橡筋擦干，接着再用油脂的物质（如花生油、润肤霜等）涂抹在橡筋上，注意不要太多（如图 6）。这样做的目的是减小橡筋之间的摩擦。

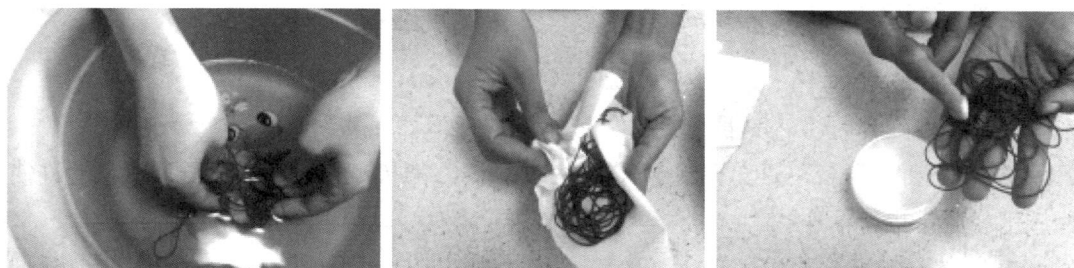

图6

（五）试飞与调整（体现技术）

老师拿一个制作好的橡筋动力直升机，面对飞机顺时针转动螺旋桨，绕 50～80 圈，将飞机举高过头顶，垂直向上放飞。（如图7）

图7

问题3：橡筋动力直升机留空时间不够长，如何调整？

从以下几方面去调整：增加橡筋绕的圈数；我们把橡筋转动起来后，当松开手时，如何使橡筋在恢复原形时更顺滑，不容易缠在一起；如何正确放飞模型飞机；模型飞机下落的姿态等。

（六）比赛方法（体现数学）

1. 介绍比赛规则

（1）制作时间：15 分钟。

（2）选手需自备工具，在规定时间内完成 1 ~ 2 架模型飞机的制作与调试，允许使用胶水或胶带进行粘连。

（3）参赛选手在指定区域或离裁判员 10 米以外放飞模型，模型出手即为正式飞行，模型着陆停止前进，则中止计时。

2. 进行比赛

（1）学生制作（如图 8）

图 8

（2）学生试飞（如图 9）

图 9

（3）学生调试橡筋动力直升机（如图10）

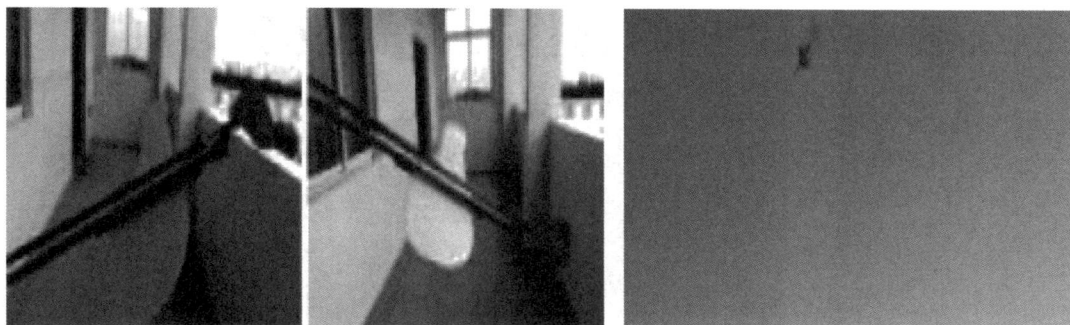

图10

3. 成绩记录

记录各小组模型飞行的留空时间。

姓　名	第一次	第二次

七、学习评价

口头表扬、飞机奖励。

载重纸飞机的制作与飞行教学案例

邝锦堂

一、教学目标

（1）了解飞机飞行的原理；

（2）学会制作载重纸飞机；

（3）掌握通过副翼和水平尾翼调节飞机安定性的方法；

（4）了解载重纸飞机的比赛方法；

（5）培养学生爱国主义高尚的情操。

二、教学方法

讲授法、练习法、讨论法

三、教学流程

知识讲解→模型制作→飞行训练比赛

四、计划任务及任务背景

（一）计划任务

本节课的任务是根据学校提供的器材，按说明书制作载重纸飞机，能够掌握通过副翼和水平尾翼调节飞机安定性的方法。学校提供的器材是根据中国航空协会 2019 版"放飞梦想"全国青少年纸飞机通讯赛竞赛规则，选用指定的器材制作，外形如图 1 所示。

（二）任务背景

纸飞机载重运输赛被纳入全国赛、广东

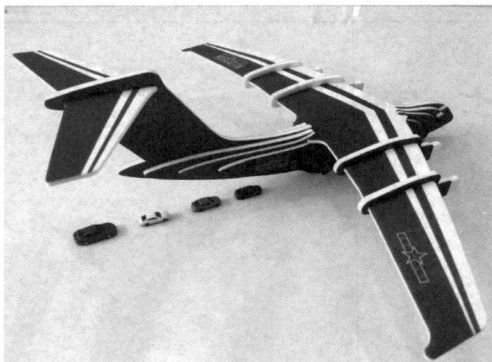

图 1

省赛、广州市赛等赛事项目中。通过制作"运20"手掷滑翔机模型，让学生了解祖国辉煌的国防建设发展史，培养他们的爱国情怀，让爱国主义精神汇聚成磅礴的新中国力量。这项赛事门槛低，原理简单、制作容易，且趣味性强、安全性能高。有利于启发学生对航空航天知识的探究，这有利于开发学生的科学思维，培养学生的探究能力。

五、材料或器材的准备

模型器材参数：翼展 380 mm，全长 360 mm；空载质量小于 30 g；材质为魔术板。

六、教学过程

（一）飞机原理介绍

问题1：你知道飞机的飞行原理吗？

飞机高速向前飞行过程中，由于飞机上下表面气流速度不相同，产生压强差，这就是升力，升力使得飞机上升。

问题2：飞机飞行时为什么有时会头向下坠？有时偏离航线？

1. 飞机的重心和机体轴

（1）重心：飞机各部分重力的合力作用点，称为飞机的重心。如下图三轴的相交点。

（2）机体轴：通过飞机重心的三条互相垂直的、以机体为基准的坐标轴。

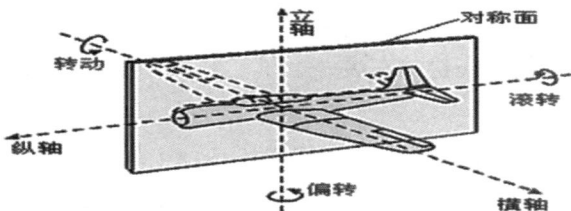

图 2

它可分为：

① 纵轴：沿机身轴线，通过飞机重心的轴线，叫飞机的纵轴。飞机绕纵轴的转动，叫飞机的横向滚转。

② 横轴：沿机翼尾向通过飞机重心并垂直纵轴的轴线，叫飞机的横轴。飞机绕横轴的转动，叫俯仰转动。

③ 立轴：通过飞机重心并垂直于纵轴和横轴的轴线，叫飞机的立轴。飞机绕立轴的转动，叫方向偏转。

2. 飞机的平衡

飞机处于平衡状态时，飞行速度的大小和方向都保持不变，也不绕重心转动。飞机平衡包括以下两种平衡：

（1）作用力平衡：包括升力和重力平衡、拉力和阻力平衡。

若飞机的升力、重力不平衡，则飞机的高度会发生变化；

若飞机的拉力、阻力不平衡，则飞机的飞行速度会发生变化

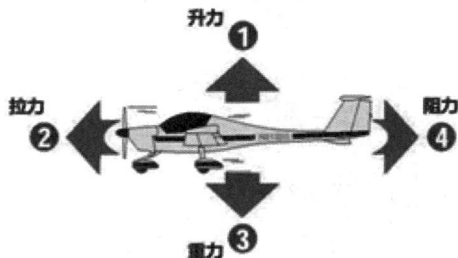

图 3

（2）力矩平衡：指作用于飞机的各力矩之和为零。它包括以下三个平衡：

① 俯仰平衡：指作用于飞机各俯仰力矩之和为零。飞机获得俯仰平衡后，迎角不改变，不绕横轴转动。

② 方向平衡：指作用于飞机的左偏转力矩和右偏转力矩彼此相等，飞机不绕立轴转动。

③ 横侧平衡：指作用于飞机的左滚力矩和右滚力矩彼此相等，飞机不绕纵轴滚转。

3. 飞机的安定性

飞机的安定性就是在飞行中，当飞机受微小扰动（如气流波动）而偏离原来状态，并在扰动消失以后，不经飞行员操纵，飞机能自动恢复原来平衡状态的特性。

要想飞机的安定性好，就要使作用于飞机各轴的力矩刚好平衡，以维持它的原来姿态。

力矩不平衡则会使飞机产生旋转加速度，如下图，对飞机来说，x 轴力矩不平衡飞机会俯仰，y 轴力矩不平衡飞机会滚转、z 轴力矩不平衡飞机会偏航。

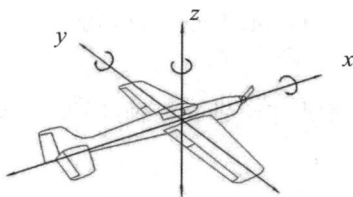

图 4

（二）发布任务

利用提供的器材安装制作一架载重纸飞机，并做适当的调试，使载重纸飞机稳定地飞行至目的地降落。

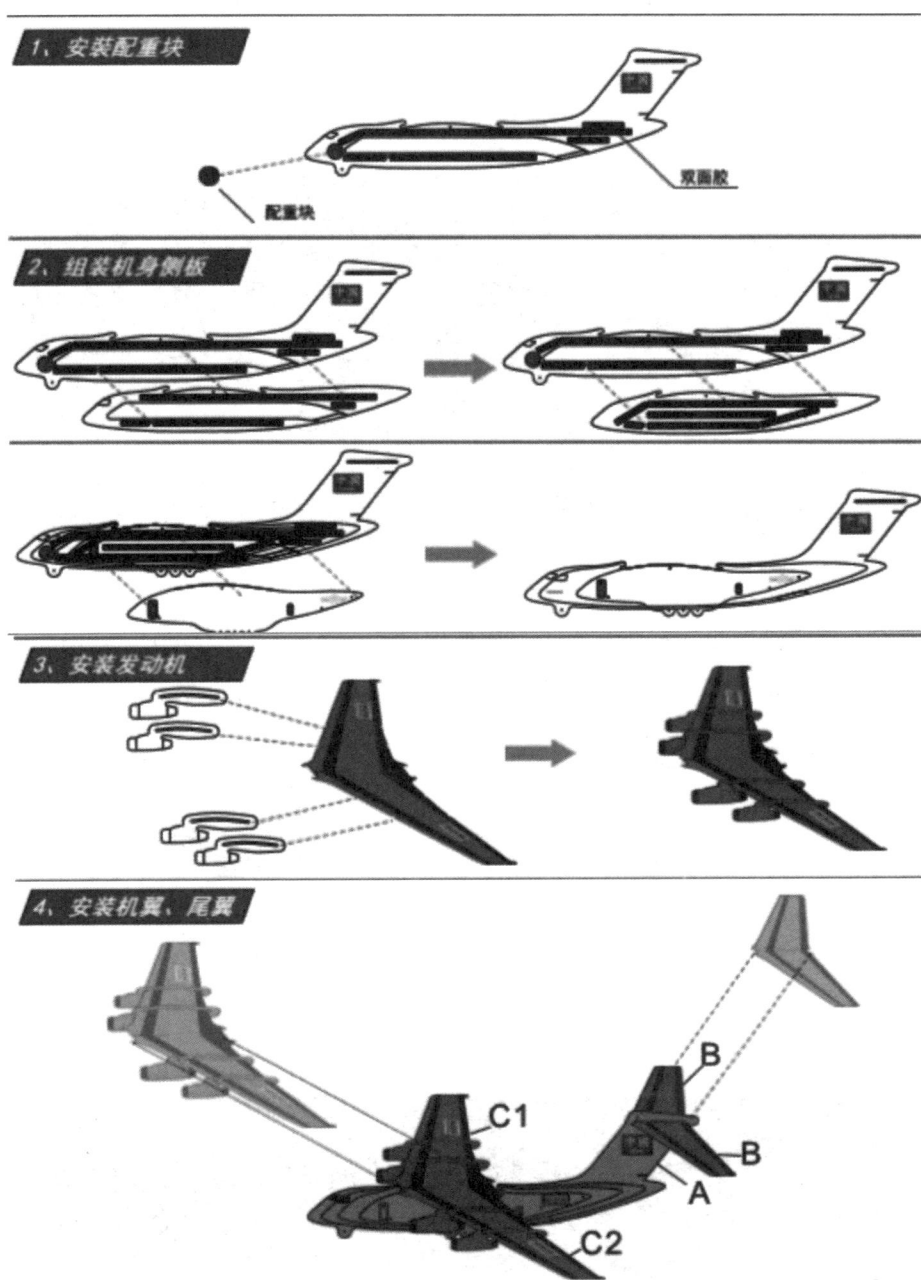

图 5

（三）纸质弹射滑翔机的制作

按飞机上的说明书制作，制作 10 分钟后，教师提示制作要点。时间不超过 20 分钟。

问题 3：制作载重纸飞机有什么技巧？

可以用牙签进行组件固定，制作出的模型会比较对称，能提高飞行的安定性。

（四）试飞与调整

老师拿出一个制作好的载重纸飞机，演示飞行过程。（如图 6、图 7）

图 6

图 7

问题 4：载重纸飞机飞行距离太近，如何调整？

问题 5：载重纸飞机飞行时向左或向右偏离航线怎么办？

飞行说明

正常
3
4

1.头轻
2.头重
平飞手掷试滑翔

B
C1
B
A
C2

1.检查飞机，确保机翼、水平尾翼、垂直尾翼、机身无变形，并左右对称。
2.调整测试：
①如果机头过轻（航线1）—将水平尾翼B轻微向下调节直到飞机平衡为止。
②如果机头过重（航线2）—将水平尾翼B轻微向上调节直到飞机平衡为止。
③如果飞机偏右（航线3）—将垂直尾翼A轻微向左弯曲或将右侧副翼C1轻微向下弯曲
左侧副翼C2轻微向上弯曲可辅助调节。

4如果飞机偏左（航线4）-将垂直尾翼A轻微向右弯曲或将右侧副翼C1轻微向上弯曲
左侧副翼C2轻微向下弯曲可辅助调节。

图8

（五）比赛规则

1. 介绍比赛规则（单人赛）

比赛方法：

（1）参赛选手在30分钟内，各自完成1~3架模型运输飞机的制作与调试。

（2）每位参赛选手有两次飞行比赛的机会，时间为2分钟，裁判员发出比赛开始口令，计时开始。

（3）每次比赛要求利用选手制作的1~3架模型运输飞机，把不同比例的模型交通工具从A区运输到黄线外的B区指定卸货区。

（4）比赛开始，选手在A区装载货物后向B区投掷模型，待模型落地静止后，选手方可离开投掷区捡拾模型，并到指定卸货区把货物卸在相应分值的区域，卸货后返回A区再次运输货物。以此类推，直到2分钟比赛结束。

（5）允许选手在2分钟比赛时间内根据自己的得分情况，随时向裁判申请提前结束比赛。

比赛场地（图9）：

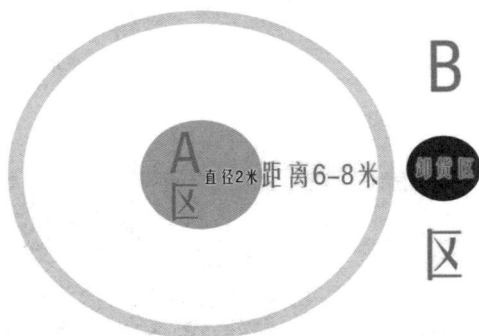

图9

成绩评定：

（1）1∶200货柜车模型分值为3分，1∶150小汽车模型分值为2分，1∶200小汽车模型分值为1分，所运货物由大会统一提供。允许在运输飞机上加装零件以保障货物在运输过程中保持稳定。

（2）比赛结束前，选手必须把已运输的货物分类放入相应分值的区域。

（3）记录每位参赛选手两次飞行比赛所运输货物的总分值。总分值多者排名靠前。如分值相同，用时短者排名靠前。

判罚：

（1）选手在 A 投掷区外投掷模型、模型未落地静止前选手离开投掷区、所装载的货物外露于货仓、飞行中模型零件或货物掉落。本次飞行不允许卸货，选手必须捡拾该模型回到起飞区重新起飞。

（2）模型运输飞机原配件不齐，不允许飞行；比赛结束前，未被放入分值区区域的货物将不被计算该货物所得分值。

（3）分类错误的货物将被扣除该货物对应的分值。

2. 进行比赛

（1）学生制作（如图 10、图 11）

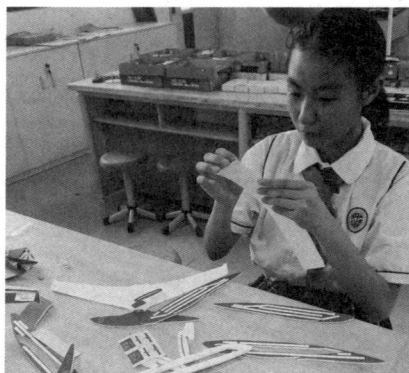 

图 10   图 11

（2）学生试飞（如图 12、图 13）

图 12   图 13

（3）学生调试滑翔机（如图 14、图 15）

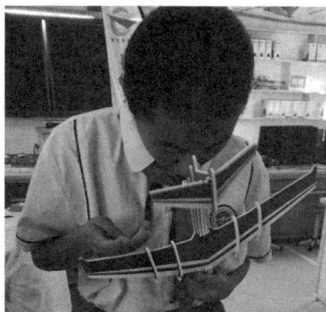

图 14

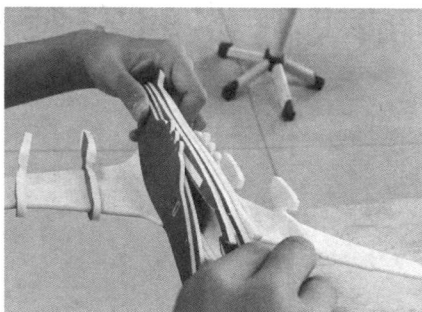

图 15

3. 成绩记录

记录每位学生模型飞行的得分。

姓　　名	第一次	第二次	第三次

七、学习评价

（1）口头表扬：表扬模型制作的优秀同学和在飞行调试中多动脑筋解决问题的同学。

（2）飞机奖励：表扬比赛中成绩最高的几名学生并发奖品。

四轴飞行器的安装与飞行教学案例

陆启新

一、教学目标

（1）通过了解多轴飞行器的飞行原理，培养学生的科学素养；

（2）通过学习组装四轴飞行器、飞行器的飞行训练，让学生懂得将实际的技术（T）融入在活动中，从而培养学生的技术素养及工程素养；

（3）通过不断升级的竞赛，不仅提高对飞行器的操控能力，同时提高学生在压力下保持镇定的心理素质。

二、教学方法

讲授法、模拟操作与渐进升级的实际操作相结合法、讨论法、挑战与升级竞赛法

三、教学流程

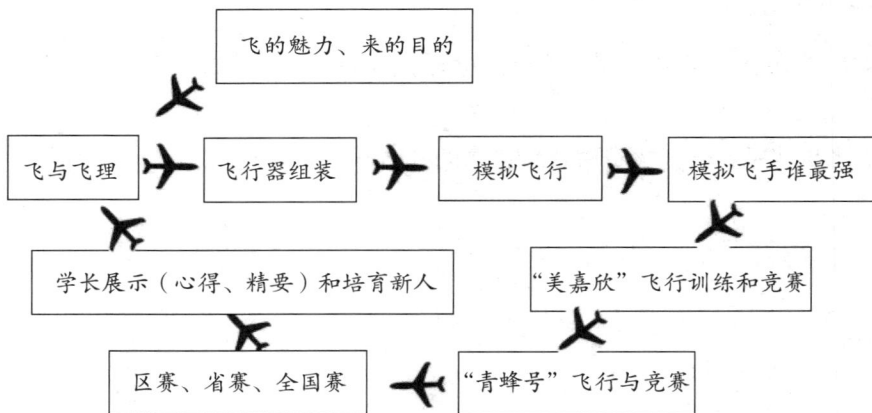

四、计划任务及任务背景

（一）计划任务

本课程的任务是根据学校提供的器材，按说明书安装飞行器，能够掌握四轴飞行器飞行的方法。

学校提供的器材有：① 根据关于举办 2018 年全国航空模型公开赛（广州站）暨纸飞机嘉年华"放飞梦想"全国青少年纸飞机通讯赛（南区）选拔赛竞赛规程，选用省相关赛事的指定的器材制作，外形如图 1 所示。② 世寰科技有限公司提供的四轴飞行器：QAV250 穿越机如图 2 所示。③ "美嘉欣"四轴飞行器如图 3 所示。

图1 "青蜂号"　　　　图2 QAV250 穿越机　　　　图3 "美嘉欣"

（二）任务背景

遥控四轴飞行器趣味赛是广东省航空航天模型比赛的一个项目。这项赛事能够提高学生的手脑协调能力，不仅趣味性强、物理知识含量高，有利于启发学生对航空航天知识的探究，有利于开发学生的科学思维，还能培养学生在面对紧急情况下保持冷静分析的能力。

五、材料或器材的准备

（1）"青蜂号"：模型以有刷电动机为动力（电机尺寸为 8 mm × 20 mm），旋翼的轴数为 4 个，动力电池最大电压 3.8 V（1 S）、轴距 75 mm（±2 mm）、一体成型的机架带桨保护罩功能、飞行重量 50 g（正负 2 g）。

（2）QAV250 穿越机

套机参数

产品大小 /Size			所属类型 /Type
超速尺寸　迷你尺寸　穿越机标准尺寸			穿越机
机身材质	裸机重量		飞机轴距
碳纤维（纯碳）、金属	320 g 左右（不含电池、螺旋桨）		长宽高 185 mm×235 mm×50 mm 轴距 250 mm
飞行速度	飞行距离		飞行时长
120 km/h（套餐 8 可达 160 km/h）	800～1000 m（无干扰、无遮挡）		5～7 min
飞机频率	接收模式		调参软件
遥控 2.4 G/ 图传 5.8 G	PWM/PPM/SBUS		BEATFLIGHT
系统调试	镜头角度		电压等级
PAL/NTSC	默认 90° 安装		3 S（套餐 8 为 3～4 S）

（3）"美嘉欣"四轴飞行器

飞机尺寸：31.5 cm×31.5 cm×6 cm　电池容量：3.7 V 550 mAH

飞行时间：8 分钟左右　充电时间：80 分钟

遥控距离：100 m

采用 2.4 G 频率，可多台飞行器同时飞行，采用 6 轴陀螺仪飞行控制系统。

六、教学过程

（一）飞的魅力、来的目的

1. 用多媒体展示人类飞行的梦想，直升飞机的前世、今生和未来

图4　　　　　　　　　图5　　　　　　　　　图6

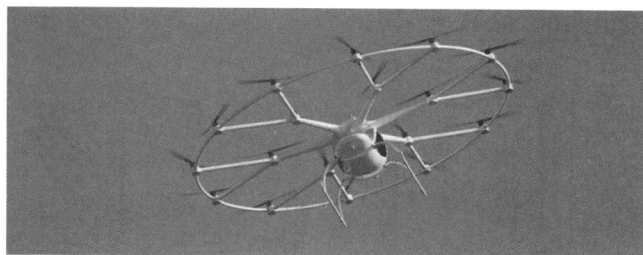

图 7

2. 介绍学习目标

（二）飞与飞理

1. 飞行展示

教师或学长的飞行表演：真实展现飞行的魅力。

图 8

图 9

2. 飞机原理介绍（体现科学）

问题 1：你知道四轴飞行器的飞行原理吗？四轴飞行器是如何实现上下移动、前后移动和左右偏航的？

3. 知识要点

（1）牛顿第三定律：作用力与反作用力

（2）力矩：顺时针方向力矩和逆时针方向力矩

（3）惯性：物体都有保持原来运动状态的性质

4.飞行原理（如图 10、图 11 所示）

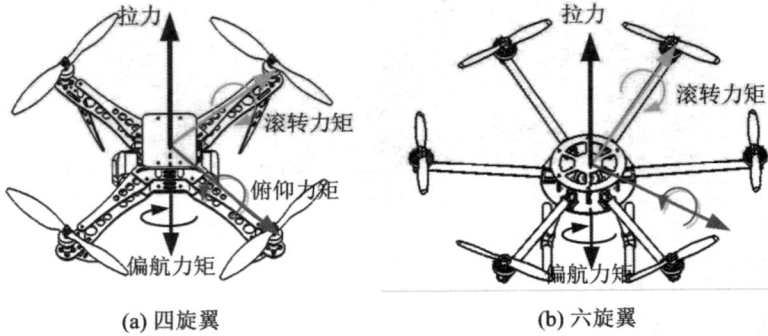

(a) 四旋翼   (b) 六旋翼

图 10

（1）悬停

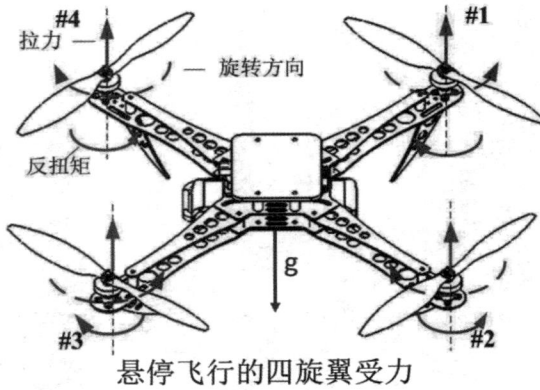

悬停飞行的四旋翼受力

（2）升降运动

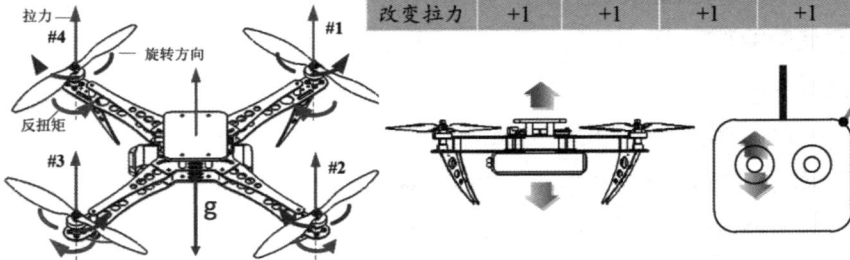

上升运动螺旋桨变化(+表示增加转速)

	#1	#2	#3	#4
改变拉力	+1	+1	+1	+1

（3）前后运动

	#1	#2	#3	#4
改变俯仰	-1	+1	+1	-1
增加拉力	+0.2	+0.2	+0.2	+0.2
合成	-0.8	+1.2	+1.2	-0.8

（a）改变俯仰　　　　　（b）增加拉力

（4）左右运动

	#1	#2	#3	#4
改变滚转	-1	-1	+1	+1
增加拉力	+0.2	+0.2	+0.2	+0.2
合成	-0.8	-0.8	+1.2	+1.2

（5）偏航运动

顺时针偏航运动螺旋桨变化

	#1	#2	#3	#4
改变偏航	+1	-1	+1	-1

（三）飞行器组装

1. 飞机结构与拆解（如图 12）

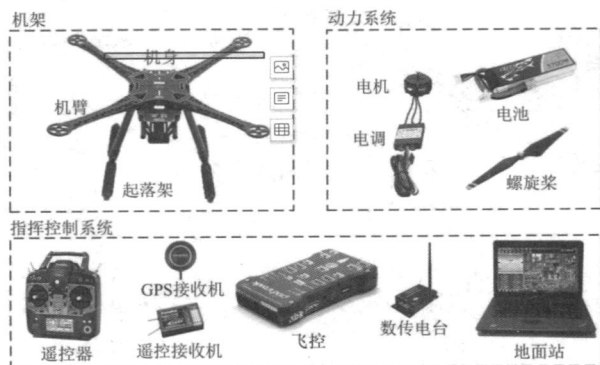

图 12

电池 = 飞机能源　锂电池：4.2 V

注意：禁止暴晒　禁止穿刺　禁止过充　禁止短路

问题 2：接电池要注意什么问题？

问题 3：防止电池鼓包失效要注意什么问题？

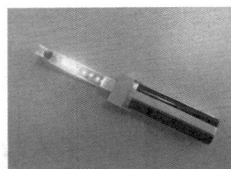

2. 动手组装（体现工程）

按飞机上的说明书制作，制作 10 分钟后，教师提示制作要点。规定时间不超过 20 分钟。

问题 4：四轴飞行器的组装过程要注意什么问题？

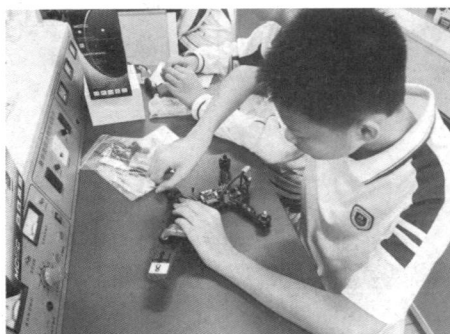

图 13

图 14

（四）模拟飞行（体现技术）

1. 起飞与降落练习

2. 升降与悬停练习

3. 俯仰与偏航练习

使用模拟器体验飞行，初步掌握油门、副翼和方向舵对飞机的控制。每项练习10 ~ 20 分钟后进行个人比赛。

（五）模拟飞手谁最强（体现技术和心理素质）

问题 5：起飞、降落和悬停时，推拉杆量的大小是由什么决定?

问题 6：怎么理解"预判"在飞行中的重要作用?

（六）"美嘉欣"四轴飞行器飞行训练和竞赛（体现技术和心理素质）

老师或学长用一个安装调整好的飞机，演示飞行过程。（如图 15、图 16）

图 15

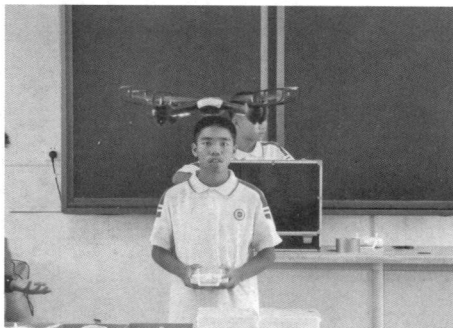

图 16

1. 起飞与降落练习

起飞先知如何安全降落（出发先知归路）。

（1）左手油门：美国手和日本手；

（2）上锁与解锁；

（3）要点：起飞慢推防失控。

2. 升降与悬停练习

悬停要点：悬停是动态调整的结果，杆不停地动，机才能不动。

3. "8" 字飞行练习

使用"美嘉欣"实体飞机飞行，飞行难度加大，有失控的危险，锻炼人体空间感、方向感，锻炼眼睛、左右手和大脑的协调配合，对眼睛视力、注意力和敏捷性有帮助。每项练习 10 ~ 20 分钟后进行个人比赛。

问题 7：为什么练习的时候飞得很好，一到比赛就失利?

问题 8：怎么理解"人机合一"?

（七）"青蜂号"飞行与竞赛（体现技术和心理素质）

使用"青蜂号"实体飞机飞行，飞行难度进一步加大，飞机没有自稳和定高功能，而且飞行速度和反应敏捷性更快，对油门、副翼和方向舵的控制要求更高，也更加刺激。通过不断升级的竞赛，不仅提高学生对飞行器的操控能力，同时提高他们在压力下保持镇定的心理素质，面对飞行中的各种突发情况进行冷静分析，并做出果断、有效的决定。

1. 起飞与降落练习
2. 升降与悬停练习
3. 走廊饶飞练习
4. 碰碰气球飞行

| 图 17 | 图 18 |

每项练习 5 ~ 20 分钟后，进行个人比赛。

（八）区赛、省赛、全国赛（体现技术和心理素质）

遥控四轴飞行器趣味赛积分赛比赛规则

比赛场地（见图 19）：篮球场面积范围内组成。场地内放置有 10 个标有 1 ~ 10 分的气球标靶，标靶高度介于 0 ~ 1.5 米，高低不一，且按图 19 规律摆放。

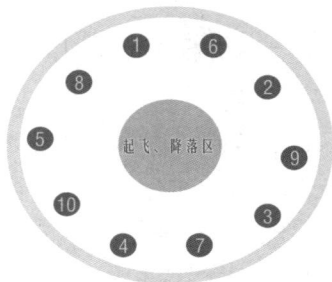

图 19

1. 模型器材参数

（1）模型以有刷电动机为动力（电机尺寸为 8 mm × 20 mm），旋翼的轴数为 4 个，动力电池最大电压 3.8 V（1 S）、轴距 75 mm（±2 mm）、一体成型的机架带桨保护罩功能、飞行重量 50 g（±2 g）。飞行期间不得使用任何定高、定位、自驾功能，比赛期间禁止使用图传系统。

（2）参赛模型必须设定一个模型的解锁开关。

2. 比赛方法

（1）比赛进行二次飞行，每次 2 分钟比赛开始和结束由裁判长统一发令。

（2）选手可以跟随模型跑动，也可以站立在某一区域飞行，但不得以身体的任一部位接触模型或场地的标靶。

（3）选手操纵模型在直径 1 米的起飞区内起飞，模型碰撞到标有分值的靶标，可得到对应的分值，但要求按照分值从低到高的顺序依次进行碰标得分。如果中途漏碰标，由裁判报"漏标"，所漏标分值不能补，但选手可以继续完成下一个目标分值。

（3）完成所有碰标得分后，模型在降落区降落，且全部螺旋桨停转，终止计时，降落分计 10 分。

3. 成绩评定

（1）记录模型有效碰撞标靶得分值并记录时间，同分值总用时少者排名靠前。

（2）取两次飞行中成绩较好一次为选手最终成绩，如成绩相同则取另一次成绩，成绩优者排名靠前。

4. 关于坠机

坠机后成绩依然有效，坠机次数不作为成绩排名标准，坠机造成的时间延误记录在总时间里。坠机后 10 秒内能自行起飞的可继续比赛，不能自行起飞的则停止计时，比赛结束。

本项目不设助手。

5. 判罚

（1）中途没有按照标靶分值从低到高依次进行碰标得分的，中途所漏标不能补飞。

（2）碰撞标靶时未发生明显的摇动，判为碰撞失败。

（3）模型降落时模型未全部停在直径为 1 米的降落区内，判为降落失败。

成绩记录：

编　号	积　分	降　落	时　间

（九）展示（心得、精要）和培育新人（体现感恩、回馈和升华）

2019 年 11 月 9 日星期六，原航模社队员谢欣宇回校指导新成员的训练，以老带新形成良性的循环。（如图 20）

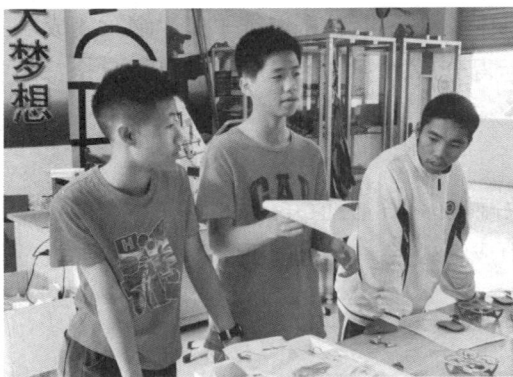

图 20

七、学习评价

口头表扬、飞机奖励。

手势控制四轴飞行器的制作与飞行教学案例

任 娟

一、教学目标

（1）通过学习手势控制四轴飞行器飞行的原理培养学生科学素养；

（2）通过制作手势控制四轴飞行器，培养学生技术素养及工程素养；

（3）通过掌握手势控制四轴飞行器的竞赛方法，培养学生参加科技；

（4）掌握手势控制四轴飞行器各种飞行动作的方法。

二、教学方法

讲授法、实践操作法、讨论法

三、教学流程

科学知识介绍→模型制作→飞行介绍→飞行训练→飞行比赛

四、计划任务及任务背景

（一）计划任务

本节课是依据 2018 年"放飞梦想"全国青少年纸飞机通讯赛竞赛中纸质手势控制遥控四轴控制飞行器特技赛（单人赛，三人接力赛）的规则，由学校提供符合赛事要求的指定器材进行制作与飞行。如图 1 所示。

（二）任务背景

纸质手势控制遥控四轴飞行器特技赛是全国青少年纸飞机竞赛的项目之一，这项赛事采用手势传感控制飞行器，结构简单、

图1

小巧灵活，操作简单易学，且机械稳定性和趣味性强。纸质手势控制遥控四轴飞行器的制作和飞行的过程有利于培养学生的科学探究意识、合作意识及自主分析和解决问题的能力。

五、材料或器材的准备

手势控制四轴飞行器 1 个（飞行器长 120 mm，宽 120 mm，高 43 mm）、手势控制器 1 个、四轴飞行器电池 1 个（规格为 3.7 V、200 mAh），正转桨叶 2 个、反转桨叶 2 个，手指固定架 2 个，20 cm×8 cm 的胶纸 4 片，胶带、秒表或其他计时器、7 号电池 3 节。

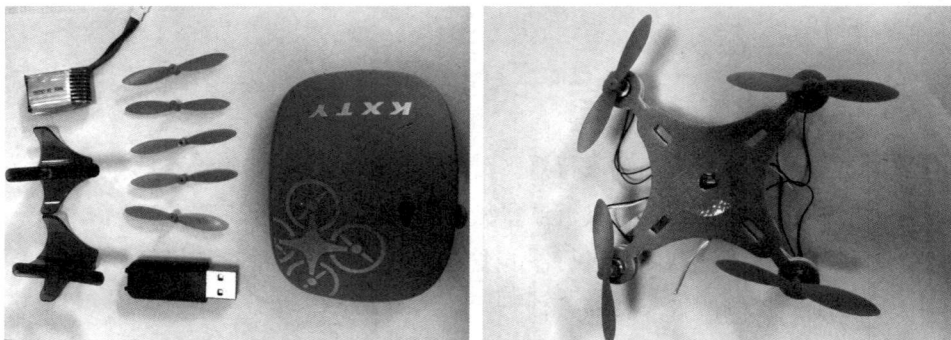

图 2

六、教学过程

（一）介绍学习目标

（二）飞行器飞行原理介绍（体现科学）

四轴飞行器又称四旋翼飞行器、四旋翼直升机，简称四轴、四旋翼。"十"字形的布局允许飞行器通过改变电机转速获得旋转机身的力，从而调整自身姿态。

为了保持飞行器的稳定飞行，在四轴飞行器上装有三个方向的陀螺仪和三轴加速度传感器组成惯性导航模块，可以计算出飞行器此时相对地面的姿态，以及加速度、角速度。飞行控制器通过算法计算保持运动状态时所需的旋转力和升力，通过电子调控器来保证电机输出合适的力。

（三）发布任务

利用提供的器材制作一架手势控制四轴飞行器，进行调试试飞，使手势控制四轴飞行器能够平稳地飞行，并完成各种飞行动作。

（四）手势控制四轴飞行器的制作（体现工程）

按飞行器的说明书制作，制作 10 分钟后，教师提示制作要点。规定时间不超过 15 分钟。

（五）试飞与调整（体现技术）

老师拿出一个制作好的手势控制四轴飞行器，演示飞行的各种动作，学生进行试飞体验。

（六）比赛方法（体现数学）

1. 介绍比赛规则

（1）制作时间：10 分钟。

（2）选手自备工具，在规定时间内完成一架模型飞机的制作与调试，允许使用胶水或胶带进行粘连。

（3）按照规则进行比赛。参赛选手将飞行器放在指定区域，从起点线出发，先进行翻转，再逆时针进行三角绕标飞行；每完成一圈中途翻滚一次，翻滚的位置和方向不限；记录飞行圈数及通过标杆的个数，同时用秒表记录飞行的时间；多次飞行，让同学们拿出自己的最好成绩来。

2. 进行比赛

（1）学生制作。（如图 3）

图 3

（2）学生试飞。（如图4）

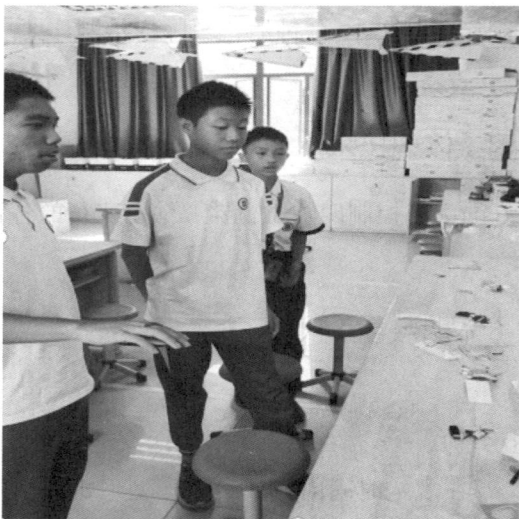

图4

（3）学生调试飞行器。（如图5）

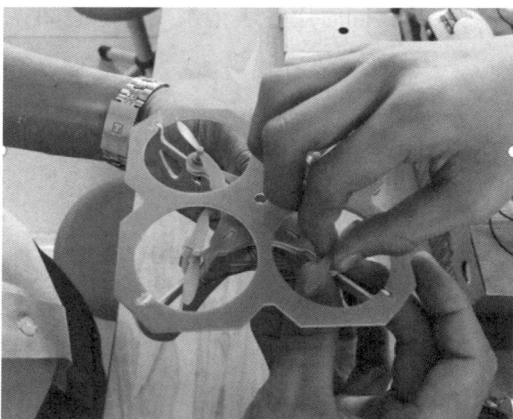

图5

3. 成绩记录

飞行圈数及通过标杆的个数，同时用秒表记录飞行的时间。

七、学习评价

口头表扬、飞机奖励。

新"自由"号遥控游艇水上足球赛
教学案例

黎思德

一、教学目标

（1）引导学生学习船航行的原理，培养其工程技术素养；

（2）探究制作新"自由"号遥控游艇方法与技术，培养其技术素养；

（3）组织学生学习新"自由"号遥控游艇水上足球赛规则，培养团队精神；

（4）培养学生学会新"自由"号遥控游艇水上足球三人赛的竞赛方法，作战技巧，培养其科学素养，协作精神。

二、教学方法

讲授法、讨论法、实践操作法

三、教学流程

航行展示→亲身试航→模型制作→个人技巧分享→对抗训练→比赛训练→技巧分享

四、任务发布

本节课的任务是根据关于举办 2018 年"我爱祖国海疆"全国青少年航海模型教育竞赛规程要求提供的器材，按说明书制作新"自由"号遥控游艇，并学会三人协同作战的技巧。选用相关赛事的指定的器材制作，外形如图 1 所示。

图1

五、任务背景

新"自由"号遥控游艇水上足球赛（团体）是第十九届"我爱祖国海疆"全国青少年航海模型教育竞赛的一个项目，这项赛事门槛低，参赛作品原理简单、制作容易，且趣味性强、安全性能高。这有利于启发学生对航空航海知识的探究，有利于开发学生的科学思维，培养学生的探究能力。

六、制作材料

模型器材参数：新"自由"号 2.4 G 遥控游艇快艇，模型的材料为定制成型塑料板及直流电机。

七、教学过程

1. 航行展示

兴趣是最好的老师，也是吸引学生主动参与、克服各种困难的动力之源，三人水上足球的魅力有三个境界：第一个境界：船人合一，随心驰骋；第二个境界：三人同心，灵犀闪闪；第三个境界：攻防有度，技取智取。培养学生其实就是让学生在不断的吃小苦中品味到水上足球的大甘甜。航行展示是吸引学生的第一步。

首先由老师带领学生们来到水池边，老师操控一艘新"自由"号遥控游艇在水中作直线航行，然后高速绕圈，接着装上推球器，操控推着水上足球攻入球门这些一系列操作。培养学生的兴趣，然后给学生播放一些往届师兄师姐参加航模比赛的照片视频，有助于激发学生，进一步参与学习和求胜的欲望。

2. 组织学生，研究和学习新"自由"号遥控游艇安装（工程），培养其科学实践精神和素养

引导学生按照说明书内的指示，即可简单完成此模型的组装。

第一步　硅胶管的安装

引导学生按照说明书，图纸进行安装，过程中注意硅胶管和电机轴之间应涂少许润滑油，并且让学生思考为什么要添加润滑油，润滑油起到哪几方面的作用？解释起到润滑和密封、防止船内进水的作用，并且注意其长度是否到位。

第二步　螺旋桨的安装（1）

按照说明书、图纸进行安装，过程中要求学生注意螺旋桨分为左右，让他们注意观察螺旋桨上的小标识在什么地方，是怎么表示的；并且询问他们研究为什么螺旋桨要分左右，而不是使用完全一样的螺旋桨，这是因为左右螺旋桨的方向是不一样的，为了产生升力，那它们的倾斜方向也不一样。而桨径为什么有大有小桨径？小的有什么作用？

桨径大的有什么作用？原来桨径小的就可以旋转得更快，适合高速飞行，但是桨径大的可以形成更大的推力，也有它的优点，学生们可以在实践当中理解力的作用是相互的这个物理知识。引导学生思考，使得学生在动手的同时积极动脑，自然而然地培养其科学素养。

第三步　螺旋桨的安装（2）

引导学生按照说明书、图纸进行安装，这一步的要求是要将螺旋桨和电机都装入船体，让学生观察电机是否像螺旋桨一样也分为左右，培养成科学习惯。通常在设备当中，会用英语的缩写表示一些特殊的意义，按图纸安装好之后，同样要涂抹一些润滑油，在工程技术上一般转动的部分都是要涂抹润滑油的，并且让学生们用手旋转螺旋桨，以测试顺滑程度。这可以让学生认识到，实践是检验真理的唯一标准。

第四步　电池架和限位节

引导学生按照说明书、图纸进行安装，装好之后，老师向学生提问限位节的作用是什么。初中学生已经学过力学等相关的知识，能够判断出电池放在不同的位置，会影响船的重心，从而在航行中的方向出现偏差。可以推断，如果出现偏差，那么，我们应该怎样调节电池的位置呢？当然，等船做好以后，放在水中测试，才能验证推测是否正确。

第五步　遥控性能测试

引导学生们拿出遥控器，按照说明装好对应的电池，然后打开发射机，再连接船上面的电池接口，并且此时一定要特别注意螺旋桨必须要摆在桌面边缘的外面，以防止螺旋桨旋转的时候打到桌面，最好是放在船架上面，然后才可以开始推动发射机的手柄测试发射机，控制船电机的左右方向。测试完毕以后，先将船上面的电池取下，然后再关闭发射机。这个过程可以培养学生严谨的科学态度，做好充分准备之后才进行实践操作，以防止意外的发生，增加科学研究的成功概率。

第六步　天线的安装

引导学生按照说明书、图纸进行安装。

第七步　船体的粘接

引导学生粘接船体可以使用图纸设计的方法，也可以自己研究是否有更好的方法。使用包装自带的胶水进行粘接，一定要注意各处涂抹均匀，然后将船体对齐粘上，还要用很多根橡皮筋捆扎固定，因为胶水的凝固需要一段时间。另外，还可以让学生另购效能更好的胶水，先把船体接合，再向接缝慢慢渗入胶水，粘好以后，同样要用橡皮筋进行固定。当然，学生也可以提出自己的方案，比如说用防水胶布再将船的接缝缠绕一圈，是否会更好呢？我们可以在实践中不断地探究、改进。

在整个船的安装过程中，让学生们养成严谨的科学精神，学会看工程图纸，进一步学习画图。同时要注意培养安全习惯，比如螺旋桨的旋转，还有胶水的使用，都是有一定危险性的。学生们在制作过程中，可以不断地增强安全意识，也可以运用到以后的生活当中。

3. 个人技巧训练与分享（技术）

优秀水上足球选手的个人素质具备：敏捷、沉稳和全局观。

学生从新成员到高手的成长历程就是境界的提升过程，也是不停地在玩乐中挑战升级的过程，先个人后团体。

第一个境界：船人合一，随心驰骋。

好的射手是三人队的核心人物，带球快而稳，闪躲瞬而敏，抢断狠而准，激烈的对抗中，单船控制受速度、水波、船体状况和电力等综合影响。正是因为变量较多，所以魅力无穷，而针对性的训练可以使新人快速成长。

训练一：竞速绕龙门（时间越短越好，先顺时针方向、后逆向，先空船、后带球）

训练二：竞速绕圈（半径越小、时间越短越好，先顺时针方向、后逆向，先空船、后带球，先无波、后有波干扰）

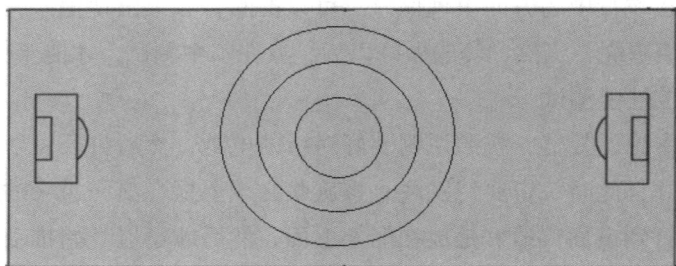

训练三：竞速绕"8"字（半径越小、时间越短越好，先顺时针方向、后逆向，先空船、后带球，先无波、后有波干扰）

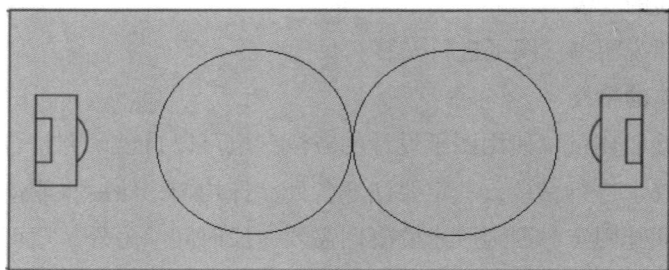

4. 比赛方法（团体协作精神）

新"自由"号遥控游艇水上足球赛规则

由运动员以遥控方式操纵模型，按规定模拟足球赛的竞赛。每队由三名运动员组成，每人各操纵一艘模型参赛。竞赛用球使用比赛专用球。

竞赛时间：预赛和半决赛为 5 分钟，决赛为 8 分钟。

赛前由裁判员发色标，以区分 A、B 队。运动员须将色标贴在模型舱盖顶部方可参赛。

运动员进入场地，遥控设备检查完毕后，1 分钟准备开始。运动员进入各自站位，将各自的模型静置于己方球门底线外的水面。

开球：裁判员将球投入发球区后吹哨，开始竞赛。竞赛时运动员须始终在各自站位竞赛。

允许模型之间的对抗和争抢球。模型发生故障时竞赛不间断，由己方参赛选手在不影响正常竞赛的情况下可将故障模型捞出水面，修复后可从本队球门底线外出发，继续加入竞赛。

参赛队的有效得分通过记分牌显示。进 1 球得 1 分，进球后重新开球。

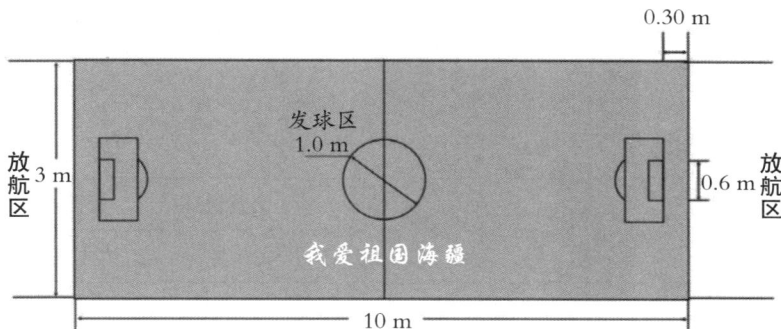

"自由"号水上足球赛场地图

第二个境界：三人同心，灵犀闪闪。新手通常特别具有个人英雄主义，希望凭一己之力就能取得胜利，但是现实是残酷的，大量的实践和比赛会告诉他们团队协同作战才是取胜之道。

第三个境界：攻防有度，技取智取。

团队策略一：快速掉头或转向。新"自由"号只有前进动力和向前转向功能，没有后退动力，在遇到前进碰壁特别是前冲进入死角时，个人脱困是较难且耗时、耗电、损失战斗力的。这时相对空闲、就近的队友可以用侧面碰撞的方法帮助快速解困。

团队策略二：进攻队形和防守队形。一般情况下，进攻是最好的防守，在我强敌弱、敌我相当或我方稍弱时均用"V"形进攻队形；防守就是破坏，直接将对方射手船撞掉网、撞坏而使其失去战斗力。

团队策略三：破坏与反破坏，掩护。

团队策略四：同色。将我方船只涂成统一颜色，便于分辨敌我。

5. 成绩记录

记录各小队训练比赛进球数。

比赛局数	比赛进球数	
	白　队	蓝　队
1		
2		
3		
4		

八、学习评价

口头表扬。

大气压强实验教具创新设计教学案例

陆启新

一、教学目标

（1）通过对液体压强与容器横截面积无关、气压与液压的相互作用等物理知识指导器材的制作，将科学知识运用到制作中去，培养学生的科学素养；

（2）通过创新制作中数据的收集与整理，将数学的重要性自然融进活动中，培养学生的数学素养；

（3）通过对仪器的不断改进和创新，在动手制作活动中体验物理学习是"从生活走向物理，从物理走向生活"，从而培养学生的工程素养和技术素养，通过仪器的成功制作，增强学生的学习兴趣。

二、教学方法

真实情境体验、实践操作法、讲授法、讨论法

三、教学流程

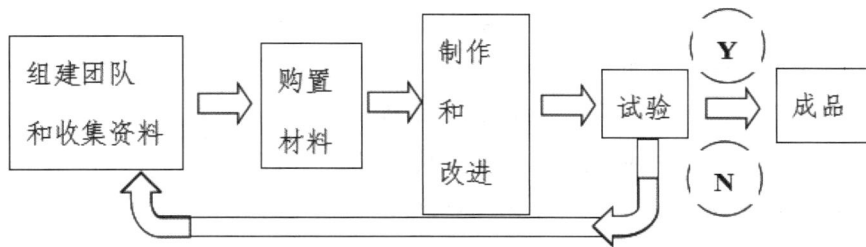

四、计划任务及任务背景

（一）计划任务

用透明的亚力克材料，制作大气压显现仪器。

（二）任务背景

人类生活在大气的海洋里，由于气体看不见、摸不着，气体的压强容易被忽视。大气压伴随着人们的生、老、病、死，但是由于人体内的压强和体外的大气压相等，抵消了，所以人们几乎感知不到气压的存在。人类生活在大气的海洋里，由于气体看不见、摸不着，气体的压强容易被忽视。大气压伴随着人们的生、老、病、死，但是由于人体内的压强和体外的大气压相等，抵消了，所以人们几乎感知不到气压的存在。本活动的任务就是：利用新型透明的亚力克材料和吸尘器等器材，制作直观的大气压显现仪器。

五、材料及器材的准备

1. 材料和器材

订购有机玻璃管材、PVC 管材及粘合剂、切割机、吸尘器、电锯、钢锯等。

2. 安全保障

使用切割机时必须遵守安全操作规程：

（1）无齿锯使用前，应认真检查各部件是否松动，锯片有无残缺裂纹。

（2）无齿锯安全防护罩要牢固可靠。

（3）使用无齿锯，必须使用漏电保护器。

（4）无齿锯不用时，应及时切断电源。

（5）锯件要放置平稳、夹持牢固，锯件不得超过规定范围，严禁用脚踩锯件。

（6）无齿锯启动前，不得与锯件接触，锯切时用力要均匀，不可用力过猛，锯切过程中不得停止。

（7）更换与管理无齿锯片，必须由专人负责，轴孔不适合，不能勉强安装。

（8）更换切片时，检查中心孔是否规则，并用目测或木棒轻敲的方法检查切片是否有裂痕，安装时法兰盘之间应放弹性垫，切片经过静平衡后，空转 10 分钟方可使用。

（9）无齿锯片磨损严重及出现缺口时应立即更换。

（10）切割工件时不准面对切片正面，禁止以杠杆推压工件，严禁使用掉边切片，或超速使用，端面磨料；备用切片不得与铁器混放在一起，储放切片的地方要干燥，防止切片浸湿受潮。

（11）使用无齿锯时，必须佩戴护目镜，前方不得有人和设备；严禁在有易燃易爆物品地点使用无齿锯。粘合剂有刺激性气味，要注意通风。

六、教学过程

（一）任务发布

通过创新设计或者优化改进，利用新型透明的亚力克材料和吸尘器等器材，制作直观的大气压显现仪器。

学生进行团队内部任务的分工，购买和准备好器材。

（二）科学探索

（1）利用网络、图书馆查找资料，培养学生在海量信息中的筛选能力；

（2）学生小组讨论，体验在已有知识、别人的观点和自己的想法碰撞中激发创新灵感，老师参与学生小组活动，适时引导点拨，明确原理，确定方案；

（3）实验测量：用透明水管准确测量吸尘器的真空度并准确记录，根据数据确定气压显示器的高度。

（三）制定采购方案

（1）学生讨论如何购买所用物料；

（2）老师介绍不同物品常用的购置方式：五金店、批发市场还是网购，学习选择合适的购买方式；

（3）学会讨价还价，学习常用的买卖技巧，融入社会，体验真实的买卖过程。

（四）教具设计

（1）教具设计要求：较经济，能有效地显示出大气压强。

（2）设计效果：双筒托里拆利实验原理器。

（五）安装调试

通过手脑并用，将想法变成现实。通过对器材的安装、调试、改进，创造出不断趋向完美的成品。这培养了学生的动手能力、执行力和协作力，在成果、成功的激励下提高创造力，乐在其中。

（六）反思与改进

在制作中自然会不断发现存在的问题，然后想出改进的方法，相互引导方向，找点子。这样可以培养学生的完美主义精神，让其制作出精美的作品，同时增强自我认同感和成就感。

七、成效成果

"书上得来终觉浅，绝知此事要躬行。"通过实践才惊讶地发现，原来水管仅仅外表面光滑，内壁却是粗糙不平的（动手做水枪时发现）。

脑力和汗水的付出换来沉甸甸的果实，灵光一闪的点子在满手油污、满身汗水中成为杰作，用所设计的教具参加 2019 年中小学实验教学说课比赛演示时，巧妙的实验设计征服了评委，魔术般的效果引得其他参赛

选手翘首瞩目：反重力吸管生动有趣地凸显隐藏的大气压，双筒托里拆利实验原理器有很大的可见度，坐在普通教室最后一排的老师也可以明显看见效果。在本次广州市实验教学说课比赛中荣获一等奖。

无线电测向训练教学案例

陈敦平

一、教学目标

（1）通过学习测向机的原理，培养学生的科学素养；

（2）通过探究无线电测向机训练方法，培养学生的技术素养和数学素养；

（3）通过测向训练培养学生的身体素质及跨学科的学习能力。

二、教学方法

讲授法、实践操作法、讨论法

三、教学流程

组装好比赛工具→测向室内听台训练→户外训练→比赛模拟

四、计划任务及其及任务背景

（一）计划任务

本节课的任务是听台和找台训练。

（二）任务背景

无线电测向比赛是广东省广州市白云区科技比赛的一个项目，这项赛事门槛低、制作原理简单，且趣味性强、安全性能高。这有利于开发学生的科学思维，培养学生的分析判断能力。

五、材料或器材的准备

器材：无线电测向机，信号发射源，计时器，指环卡等。

六、教学过程

1. 组装和持机方法训练（3 分钟）

组装完毕，右手持机，大拇指靠近单向开关，其他四指握测向机，手背面是大音面，松肩垂肘，测向机举至胸前，距人体约 25 厘米，尽量保持测向机与地面垂直。

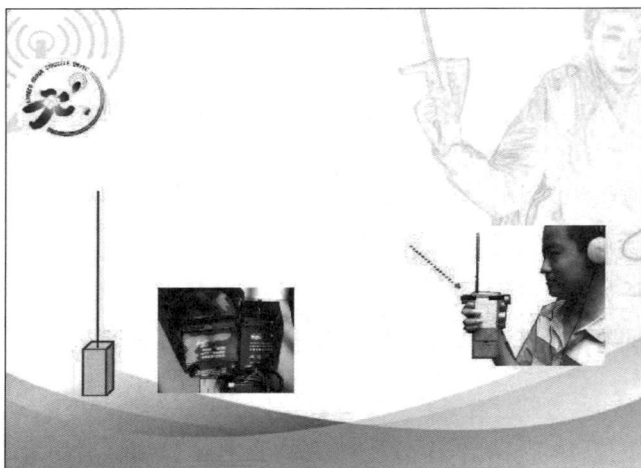

2. 听台训练（5 分钟）（室内）

识别电台呼号训练

目的：建立收测信号必须首先分辨台号的概念。

方法：教练员掌握可拍发 0 ~ 9 以及 MO 号电台呼号的信号源。

3. 户外训练（30 分钟）

（1）测定电台方向线

① 在学校操场场地上设发射机一部，连续发信号，运动员在距电台 50 ~ 100 米处，原地闭目转圈后测出方向线，然后睁眼检验。

② 场地和发射机工作方式同上，运动员蒙眼，测定方向线后边测边前进。

③ 运动员站在操场中央，周围设 3 ~ 5 部不同频率连续发信号弹的隐蔽电台。要求运动员在规定时间内，测定各台方向线。

（2）方向跟踪

为提高训练效率，在出发点四周设 4 ~ 8 个隐蔽电台，仍要求每名队员在规定时间内找 4 ~ 6 个台，最后以找台数使用的总时间来评定成绩。

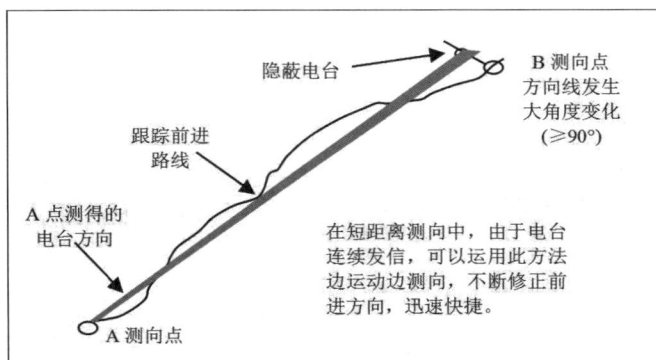

（3）交叉定点

学校训练场所内设隐蔽电台一部，利用林边道路进行交叉定点。在此要特别强调的是，发射天线的架设一定要与地面垂直，否则会给测出的方向带来误差。

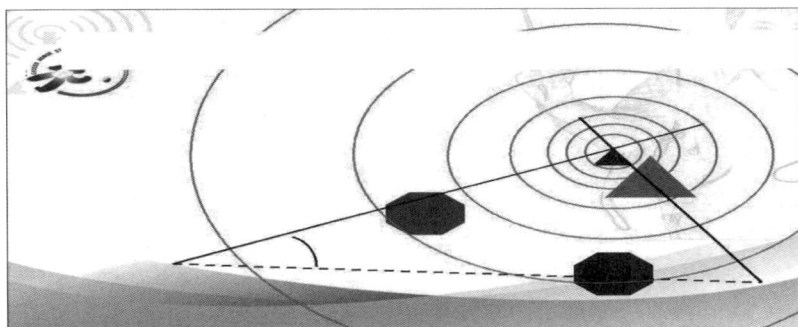

4. 比赛模拟训练（30 分钟）

按照比赛要求，进行训练。

（1）打卡出发

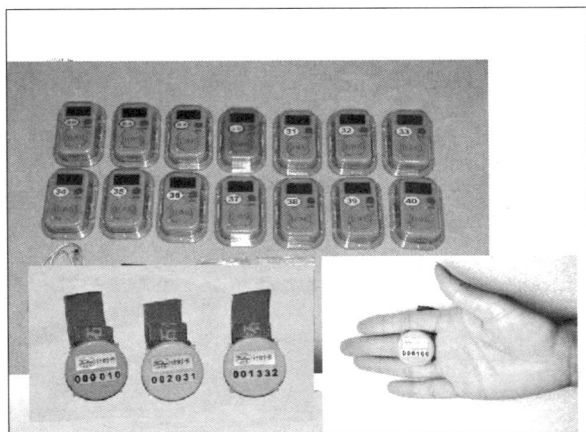

（2）比赛中

（3）结束，打印成绩

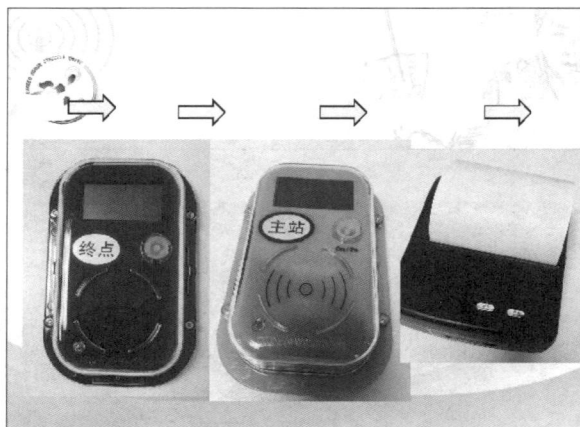

七、活动评价

评价次数	评价人	找台台数（单位：台）	找台时间（单位：分钟）	备　注

八、教学反思

（1）训练中，学生互相交流找台体会。

（2）注意安全。

无线电测向机的制作与调试教学案例

陈敦平

一、教学目标

（1）引导学生学习有关无线电方面的初步知识，培养其科学素养；

（2）通过训练掌握电子元件的焊接方法，培养其技术素养；

（3）通过对线路的部分改装和调试，培养其工程素养。

二、教学方法

讲授法、实践操作法

三、教学流程

科学知识介绍→熟悉电路元件→焊接与拆焊→测向机的制作

四、计划任务及任务背景

（一）任务发布

无线电测向机制作是无线电测向比赛的一部分。

（二）任务背景

目前无线电测向运动正在全国学校快速普及，为落实德、智、体、美全面发展的教育方针，许多学校把无线电测向运动列为学校科技活动。无线电测向机制作工程是无线电测向比赛项目内容之一，是推动无线电测向运动发展的坚实力量。

五、材料或器材的准备

P3500 测向机套件、电工工具箱。

六、教学过程

（一）了解电路图，熟悉电路元件

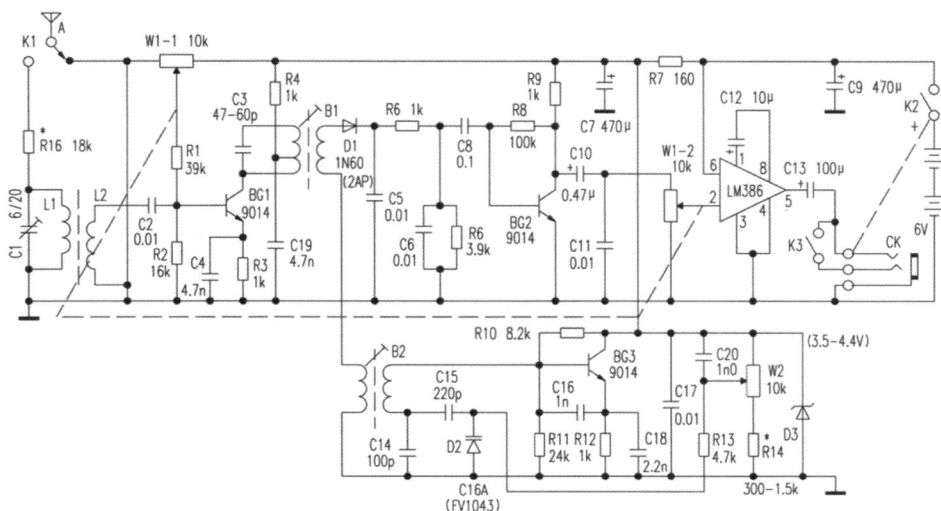

（1）熟悉每个元器件的电路符号。无线电元器件是组成各种电子线路及设备的基本单元，熟悉无线电元器件的电路符号是识读无线电电路图的基本要求。

（2）根据图纸迅速查找到元器件在电子设备中的具体位置。这是一个由理论到实践的过程。

（二）拆焊与焊接训练

1. 焊接操作

一般情况下，烙铁到鼻子的距离应该不少于 20 cm，通常以 30 cm 为宜。

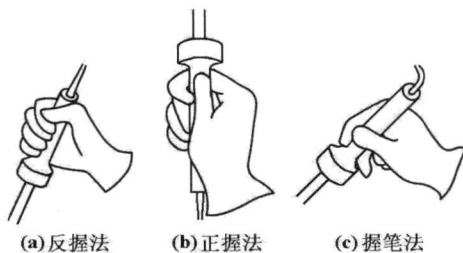

(a)反握法　　**(b)正握法**　　**(c)握笔法**

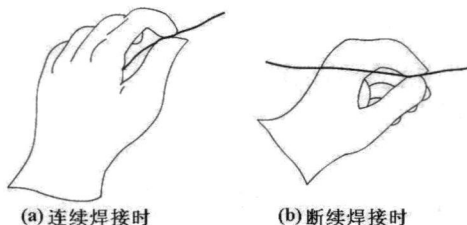

(a) 连续焊接时   (b) 断续焊接时

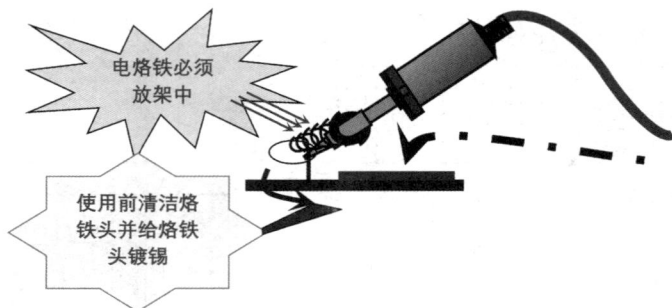

电烙铁必须放架中

使用前清洁烙铁头并给烙铁头镀锡

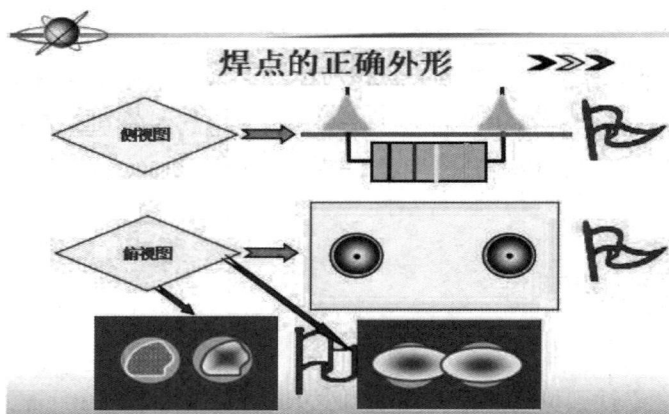

焊点的正确外形

侧视图

俯视图

2. 拆焊操作

拆焊的步骤一般是与焊接的步骤相反的：

（1）不损坏拆除的元器件、导线、原焊接部位的结构件。

（2）拆焊时不可损坏印制电路板上的焊盘与印制导线。

（3）对已判断为损坏的元器件，可先行将引线剪断，再拆除，这样可减少其它他损伤的可能性。

（4）在拆焊过程中，应尽量避免拆动其他元器件或变动其他元器件的位置，要做好复原工作。

（三）制作测向机

1. 熟悉装配图

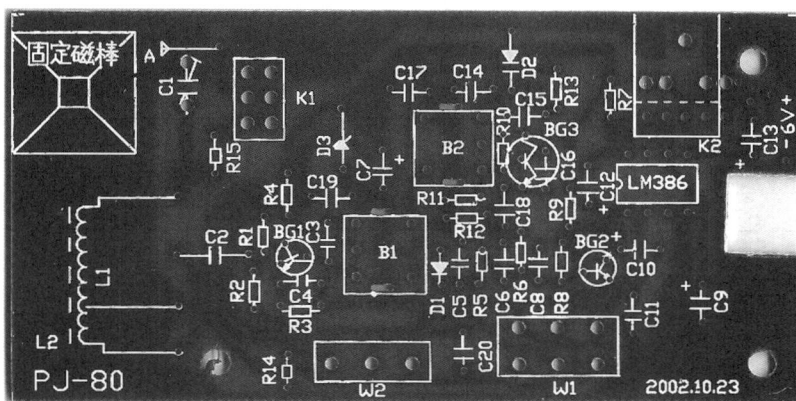

2. 分类整理好电路元件
3. 制作

（1）老师提供测向机套件，学生自己制作一台测向机。老师巡回观察。

（2）在规定的时间内完成后，学生可以与周围的同学相互交流。

（3）展示作品。

七、活动评价

评价次数	评价人	是否有声音	收到台数	制作时间

八、教学反思

（1）焊接与拆焊时注意用电安全。

（2）电子元件的熟悉对学生而言是一个比较难的问题。

校园鸟类观察计划的制订教学案例

杨沃明

一、学生分析

学生年龄处于 12～14 岁，具有认知旺盛的特点，他们有直观的形象思维，观察力、概括力、想象力、记忆力不断增强，具有记忆好、求知欲强、思维敏锐、接受新事物快、富于想象等特点，对于开展观察鸟类的活动十分有利；也具有情感丰富且不稳定的特点，对于培养学生爱鸟、护鸟行为和尊重生命的情感，也是很关键的时期。

七、八年级的学生对校园鸟类进行科学观察的知识储备有限，规划的意识与能力较弱，本节教学旨在指导学生学会制订观察计划，为实地观察打下基础，并丰富学生的知识储备、提高规划能力及培养良好的情感态度。

二、教学目的

（1）明确制订观察计划的重要性，能够区分并清晰描述观察目的与内容，对观察活动作比较全面的过程设计，掌握制订观察计划的要领，并能根据主题尝试合作制订一份观察计划。

（2）培养学生全面思考的能力，沟通与合作的能力；初步具有规划的意识与能力。

（3）学会尊重鸟的生活，激发学生热爱大自然的情感；

三、教学重点

了解观察计划的基本结构和要素，掌握观察计划制订的要领。

四、教学难点

根据课题，制订一份科学合理的观察计划。

五、教学准备

PPT 课件、范例一份，空白观察计划表（A3）一份，奖品等。

六、教学时间

2 课时。

七、教学过程

教学环节	教师活动	学生活动	设计意图
引入新课	展示活动图片，上次校园观鸟活动的回顾：1. 观鸟前对活动进行了简单的计划；2. 实地观鸟；3. 观鸟后也对活动进行了反思，如收获、存在问题等 拿破仑名言，明确制定观察计划重要性	学生观看资料，回忆观察活动过程 学生思考	激发学生参与热情让学生明白观察活动包括计划制定、实施与反思 明确计划的重要性
新课学习：认识观察计划分析要素内容与制定方法小结制定观察计划的总要求	通过对学生计划初稿及范例对比学习，讲解观察计划各要素、设计技巧、需要注意的事项 引导：请看我们的计划初稿，写了哪些要素？ 出示范例，师生共同补充其他要素，师引导学生学习范文各要素的内容，归纳制定方法，并板书。对回答同学评价加分 引导学生认识制定计划要求： 1. 符合实际情况 2. 考虑周密 3. 条理清楚 4. 明确具体 5. 有指导性和可行性 6. 留有余地	学习，思考 学生回答各要素 学生积极回答 学生思考分析各要素内容，师生共同归纳要领 学生尝试小结制定计划的要求	以优秀案例引导学生对观察计划的制定 学生在原有经验基础上，加深对各要素的认识 归纳一般制定要素的方法 计划要有实际性、可行性等 培养学生具有初步的规划意识与能力

教学环节	教师活动	学生活动	设计意图
分组制定观察计划	提出小组活动的要求；师巡视各组制定计划	学生以小组为单位制定目的、内容与安排	在范文基础上，迁移知识，制定新的观鸟计划。小组合作完成，体会合作的重要性
展示交流	请小组展示，补充完善；提出展示交流的要求	小组代表展示小组计划，全班交流	创设平台，培养学生表达、交流、分析问题和解决问题的能力；巩固新知，反馈不足
课堂小结	概括观察计划各要素及撰写方法：一份好的计划制订，需要经过学习、撰写、再学习、再修改，不断完善大家有了良好的开端，这已经是成功的一半了。	学生回顾本节观鸟计划的要素与制定方法	再次强调计划的重要性

附：

校园鸟类观察计划

要　素	内　容
研究课题	
观察目的	
观察对象	
观察内容	
观察地点	
观察方法	
观察安排	
成员分工	
仪器、材料准备	
注意事项	

范例：对孔雀鱼的观察计划

要　素	内　容
研究课题	对孔雀鱼的观察
观察目的	1. 以孔雀鱼养殖观察活动为媒介，体验科学研究的方法，增强对信息的收集和归纳能力，对事物的观察和实践能力及探究创新能力 2. 通过孔雀鱼养殖观察活动，尤其是在采集大沙河水样，西丽水库及观察孔雀鱼在大沙河水中生活情况的过程中，了解周边环境因人们生活、发展经济时不注重环境问题而造成的破坏，从而体会保护环境的重要性 3. 通过该项活动，了解孔雀鱼及其养殖的有关知识；观察鱼类在大沙河水体中的适应和变化，探究大沙河污染原因和程度，提出治理大沙河的合理建议
观察对象、范围	1. 孔雀鱼　2. 大沙河　3. 西丽水库
观察内容	1. 观察孔雀鱼的生长情况 2. 每天观察水质变化对孔雀鱼生长的影响
观察地点	实验室
观察的方法	对比观察：设计一缸大沙河水，另三缸分别装西丽水库水、自来水和净水，用来对比观察孔雀鱼生长情况 实验观察、直接观察、长期观察法等
观察安排	1. 观察时间：1 年 2. 两次观察间隔时间：1 天 3. 每次观察时间：半小时 4. 人员安排(各组轮流观察)第一组(小红、小芳、小强、小华、小丽)、第二组(……)、第三组（……） 5、观察程序： （1）每次观察 ① 记录孔雀鱼的生活环境，如水温等 ② 各组员认真、仔细地观察四个缸中孔雀鱼的体色、个体生长等情况，并做好记录 ③ 小组讨论分享 ④ 汇总后把记录上传到电脑文档中 （2）阶段性总结与年度总结 ① 阶段性总结 讨论存在的问题及提出解决措施；新的发现，及时调整策略 ② 成果展示 ③ 年度或期末总结

要　素	内　容
小组成员分工	组长负责全面协调，组员分工情况： 小红：观察体色变化 小芳：观察个体生长变化 小强：观察呼吸变化 小华：观察环境（如水温） 小丽：记录汇总并上传到电脑相关文档中（方便汇总数据）
仪器、材料准备	缸四个，配有过滤、放养装置和沙石、水草，用来盛放四种不同的水
注意事项	1 对自己的保护，如手接触大沙河水后，用洗手液洗手 2. 不要伤害孔雀鱼，爱护孔雀鱼，如不要用东西伸入水缸中惊动孔雀鱼 3. 孔雀鱼分缸饲养（预防孔雀鱼繁殖时出现大鱼吃小鱼情况） 4. 实验前用消毒液对缸进行消毒；在了解孔雀鱼生长时，先用洗手液洗手，后再伸入水缸。排除无关干扰

植物标本的采集与制作教学案例

李慧婷

一、教学目标

（1）学会植物标本的采集方法、记录方法；

（2）初步掌握制作腊叶标本的方法；

（3）学会植物标本的保存方法。

二、教学方法

讲授法、实践操作法、讨论法

三、教学流程

植物标本介绍→植物标本采集与制作方法介绍→植物标本的采集与制作→小组展示成果并交流心得→小组成果评比

四、计划任务及任务背景

（一）计划任务

本节课的任务是根据学校提供的器材，按照科学的植物标本采集和制作方法进行实践操作，能够初步掌握这两项技能，丰富学校生物实验室的植物标本资源。学校提供的器材是根据书籍《生物标本制作》选用的较为简单的工具，外形如图1—3所示。

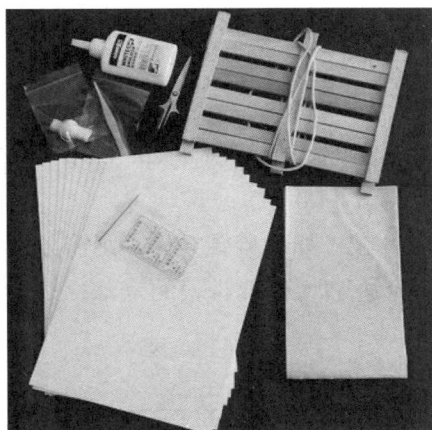
图1

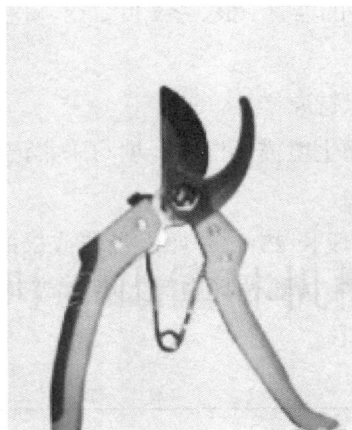
图2

图3

（二）任务背景

在自然界，植物的生长、发育，受季节性以及分布地区的局限性。为了不受季节或地区的限制，有效地进行学习交流和教学活动，有必要采集和保存植物标本。植物标本的采集与制作也是校本课程"植物识别"的重要内容之一，可丰富学生业余生活，繁荣校园文化，同时加强学生动手能力，增大学生学习科学的积极性，培养学生的实践创新能力。

五、材料或器材的准备

木质标本夹、台纸、采集袋、枝剪、铲子、掘根器、采集记录签、小标签、铅笔、汞、酒精、福尔马林—酒精—冰醋酸固定液（FAA 液）。

六、教学过程

（一）介绍学习目标

（1）学会植物标本的采集方法、记录方法
（2）初步掌握制作腊叶标本的方法
（3）学会植物标本的保存方法

（二）植物标本采集与制作方法介绍（体现科学）

问题 1：你知道怎么采集植物标本吗？
采集一份好的植物标本有三个要求：

（1）标本具有较多的器官（根、茎、叶、花、果实和种子），保持形态特征的完整性，便于植物种类的鉴定。

（2）标本尽可能保持原样。

（3）对植物标本的生境描述详细，填写采集记录表，如表1。给所采集的标本挂上标签。

木本植物一般剪一段长 25～30 厘米带花或果的带叶枝（如果雌雄异株，则需分别采集雌株和雄株），草本植物选择中等大小、高 40 厘米左右，挖取带根的全草，寄生植物需连同寄主一齐采下。

采集号	日 期
地区	海拔
生长环境	习性
树高	胸径
树皮	树枝
叶	花
果实	种子
备注	
科名	种名
地方俗名	采集者

问题2：你知道怎么制作植物标本吗？

使用木质标本夹压制标本，使标本在短时间内脱水干燥，使其形态与颜色得以固定。压制时，使草纸和标本互相间隔，标本间夹纸以平整为准。及时更换吸水纸，采集当天应换干纸2次，以后视情况可以相应减少。换纸后将其放置于通风、透光、温暖处。

（三）发布任务

每个小组 3～4 人，按照正确的方法采集两种乔木、两种灌木、两种草本植物标本。

（1）寻找一株完整的植物（如图4），最好同时有根茎叶、花、果实、种子，仔细地挖下植物体（如图5）。

图 4

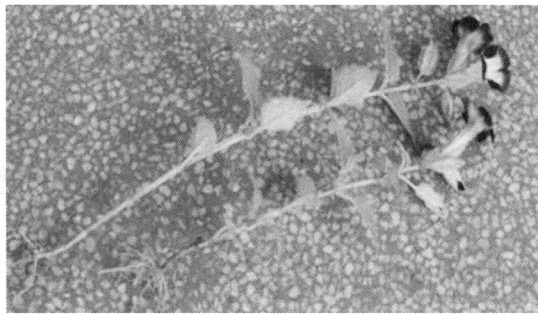

图 5

（2）小心清洗污泥，去除枯叶（如图 6）。

图 6

（3）将植物摊开在 A4 的纸上（如图 7），盖上另一张 A4 纸（如图 8）。

图 7

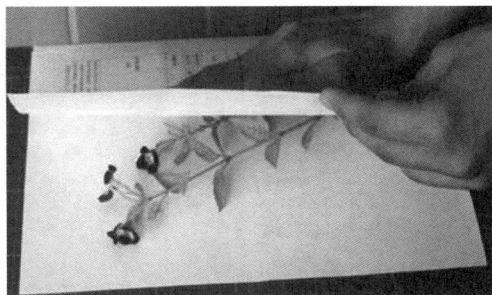

图 8

（4）将标本小心移入报纸中（如图 9），将报纸两处的开口钉上（如图 10），标示取用开口，贴上标签。

图 9

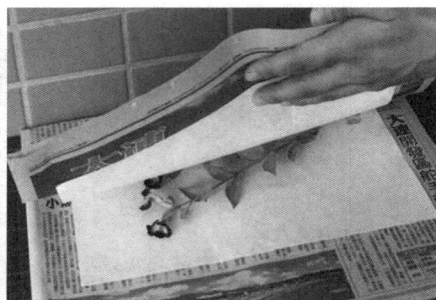

图 01

（5）整理标本，将标本中对于的枝叶疏剪一部分，以免相互遮盖。较长的植株可作"N""V""W"形的弯折（如图 11）。

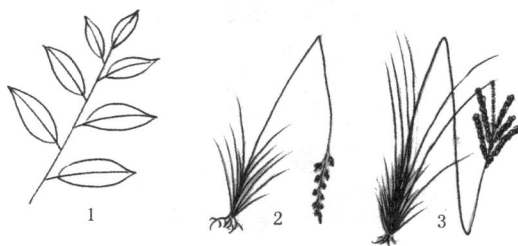

图 11

（6）用木质标本夹压制标本，将标本与吸水纸相互叠放，达到一定高度，用绳子缚紧（如图 12、13）。

图 12

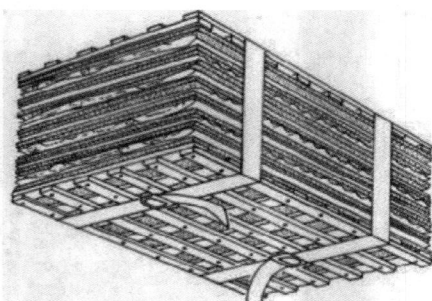

图 13

（7）每日换纸压制，初次换纸时必须翻转部分叶子，使标本可同时展示腹面和背面两种叶子，同时将折叠的部分小心张开放平。连续换纸 6～8 天，即可使标本全部干燥。

（8）将压制好的标本放进消毒箱内，将四氯化碳、二硫化碳混合液置于玻璃皿内，再放入消毒箱中，利用挥发的药液熏杀标本中的虫子和虫卵，约 3 天即可。

（9）将消毒后的标本放在台纸上，用棉线或纸条订好，或用胶水粘贴。台纸的左上角和右下角留出位置贴采集记录和鉴定名签（如图14）。

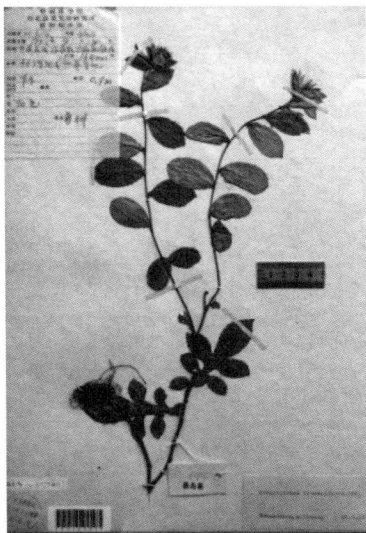

图 14

（四）植物标本的采集与制作（体现工程）

教师与学生一起在校园内采集植物标本，在生物实验室制作植物标本，教师指导学生操作要点。

问题3：在植物标本的采集与制作过程中要注意什么问题？

采集在正常环境下生长的成熟、健壮植物中能代表植物特点的典型枝，不采萌芽枝、密集枝、徒长枝；疏剪一部分多余的枝叶；如果遇到比较高大的草本植物，可采集同一植株形态上有代表性的上、中、下三段进行标本的制作。

营养器官厚而多肉的，应先放在沸水内煮半分钟至一分钟，将其外面的细胞杀死，促使其干燥。

（五）比赛方法（体现数学）

1. 介绍比赛规则

每个小组利用周末的时间采集并且制作植物标本，之后利用课余时间加工标本，十天后交由生物实验室老师进行初步筛选，最后由所有生物老师担任评委进行评分，去掉一个最高分和最低分，取其余评委的平均分。

2. 评分标准表

评分细则		得　分	总　分
整体效果 （40分）	整体色彩协调和谐，固定效果好（5分）		
	造型优美，线条流畅，自然得体（10分）		
	高度合理，比例恰当，具有美感（15分）		
	主题鲜明，有一定寓意（10分）		
美观及创意 （20分）	立意具有一定深度，有感染力（10分）		
	具有个人设计风格（5分）		
	体现创新性（5分）		
制作技术 （40分）	标本选材典型、完整（10分）		
	清洗干净，材料整齐，无反复拨弄（15分）		
	脱水完全，符合标本制作基本原则（15分）		

3. 奖项设置

一等奖 80～100 分，二等奖 70～79 分，三等奖 60～69 分。

反应时间尺制作教学案例

袁　杰

一、教学目标

（1）指导学生理解测量反应时间的原理，培养其科学素养；

（2）通过反应时间尺的制作，培养学生的科学思维、工程思维、数学思维；

（3）培养学生解决问题的自信心。

二、教学方法

讲授法、实验法、探究法、实践操作法

三、教学流程

反应时间理解→课堂小实验→制作任务的发布→作品的展示→学生互评→发回修改→小组及班级制作评比→反应时间尺的使用等

四、计划任务及任务背景

（一）计划任务

运用所学的自由落体的知识，制作反应时间尺，用来便捷测量人的反应时间。

（二）任务背景

STEM 教育是培养中小学创新思维与动手能力的重要途径，运用 STEM 教育理念，开展物理小实验教学，能培养物理学科的物理观念、科学思维、科学探究、科学态度与责任。

五、教学材料及工具的准备

（1）长为 0.5 ~ 1 m 的钢尺或木尺、白纸、胶带或浆糊、剪刀等。

（2）奖品等。

六、教学过程

（一）介绍学习目标

（1）理解反应时间；

（2）能够运用自由落体运动的规律制作反应时间尺；

（3）能用自由制作的反应时间尺测量人的反应时间；

（4）撰写一篇有关反应时间尺的论文。

（二）反应时间尺的原理介绍

问题 1：人对周围发生的事情能够马上做出反应吗？

问题 2：什么是反应时间？能举例说明什么是反应时间吗？

人对周围发生的事情都需要经过一段时间作出反应，从人发现情况到采取行动所经历的时间，叫做反应时间。

问题 3：自由落体运动有什么规律？

问题 4：如何运用所学的知识直接测量反应时间？

由自由落体运动位移公式：$h = \frac{1}{2}gt^2$，得到：$\sqrt{\frac{2h}{g}}$，测量出在反应时间内直尺下落的距离，即可以测量出人的反应时间。

（三）反应时间尺的制作

问题 5：如何把直尺下落的距离与对应的时间相关联？

通过粗略计算，得到下面的表格

利用自由落体运动的规律计算出当物体下落 5 cm、11 cm、20 cm、31 cm、45 cm、61 cm、80 cm、100 cm 时对应的时间分别为 0.10 s、0.20 s、0.25 s、0.30 s、0.35 s、0.40 s、0.45 s，在直尺上对应的刻度处贴上白纸，并标注时间。在操作过程中，只需要确定手捏住直尺的位置，即可测量出人的反应时间。

通过比对，在纸带上标出刻度上的 0 刻度对应的位置，再依次标出 5 cm、11 cm、20 cm、31 cm、45 cm、61 cm、80 cm、100 cm 对应的位置，在相应的位置上标出时间值，即为反应时间。

问题 6：如何使自己的反应时间尺准确、美观、好用？

首先是要保证能准备测量反应时间，其次考虑推广性，再次考虑反应时间的外观等。

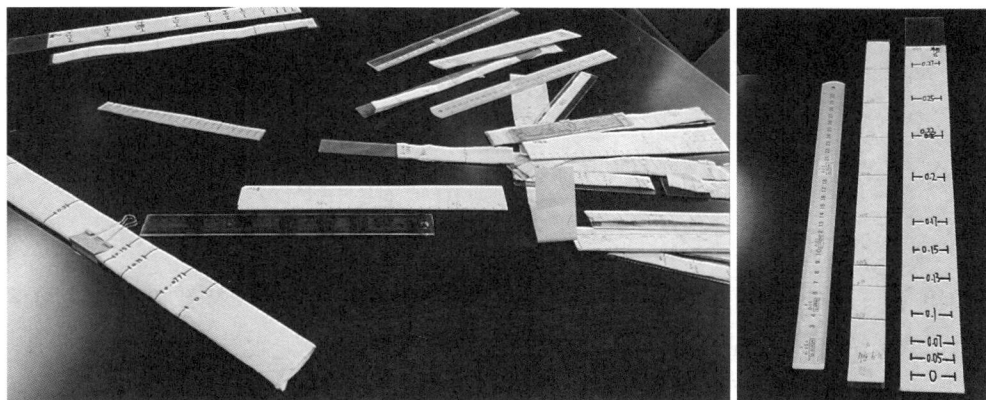

（四）反应时间的测量

两人一组，一个同学操作反应时间尺，另外一个同学准备捏反应时间尺。当一个同学释放后，另外一个同学快速捏住反应时间尺。所捏位置的计数，即为反应时间。

（五）反应时间尺的制作评价

从创新意识、创新思维、创新技能、工程性、工艺性几个方面来评价反应时间尺的制作，并把每一个同学的得分情况记录在下表中

指　标	创新意识（20分）	创新思维（20分）	创新技能（20分）	工程性（20分）	工艺性（20分）
分数					

七、反应时间尺制作论文的撰写

任务布置：请各位同学把自己的制作过程用文字记录下来，写成一篇科技小论文，最终教师可评选出最佳文章。

后　记

2018年底，我校正式被广州市教育局确定为2019年广州市STEM教育首批实验学校。一年来，我校大力开展STEM教育实践，做到以下几点。

（一）理念先行，做好规划。

以学校校训"信雅达"为指导，以"一主两辅"课程体系为引领，建立"五面一体"的科技教育活动体系。

（二）强师固本，创造条件。

首先是课题引领、内培外引，加强科技教育师资队伍建设；其次是白云区教育局大力支持，学校筹措资金加大投入，完善科技活动场室建设。到目前为止，我校科技活动场室约500平方米（无线电测向室一间、模型室一间、创客室一间、通用技术室一间）。

（三）以课堂、社团、活动、竞赛为抓手，强力打造特色。

完善科技活动课程体系，落实课堂教学，培养学生的创新意识；以校本课程、综合实践课、社团活动为主要形式，培养学生的创新精神和科学探究能力；以竞赛为促进，通过比赛提高学生的实践动手能力、工程设计能力、数学思维能力。

科学的安排、有力的行动使我校的STEM教育取得了一定的成绩，收到了实效。通过三年多的努力，学校的科技创新活动取得突出的成绩。学生参加各级各类比赛取得优异成绩，获得国家级奖项37项、省级奖项69项。

优异成绩的取得离不开上级部门的支持，离不开兄弟学校的支持，离不开专家的引领。在此，郑重向以下领导和专家表示感谢：广州市教育局科研处副处长邱国俊同志，白云区教育局局长杨雄忠同志，广州大学梁斌教授，广州市第二中学李曦东老师、赖建青老师、颜丽娟老师，深圳实验学校刘海峰老师。

袁　杰　刘继良

2020年1月